会社で行なう給与に関...

1 昇給等の結果、標準報酬月額に2等級以上の...

すみやかに	健康保険・厚生年金保険被保険者報酬月額変更届	年または組	健・厚

2 途中で社員を増やす等したため、賃金総額の見込額が2倍を超え、かつ、既に納付済みの概算保険料との差額が13万円以上になるとき

30日以内	労働保険増加概算保険料申告書	監	災・雇

3 被保険者が育児休業・介護休業を開始したとき

申請書を提出するまで	雇用保険被保険者休業開始時賃金(月額)証明書	公	雇

社員の入社・退職等に関する届出

1 入社に伴う手続き

5日以内	健康保険・厚生年金保険被保険者資格取得届	年または組	健・厚
翌月10日まで	雇用保険被保険者資格取得届(※)	公	雇

(※)外国人労働者については一定の記載事項あり

2 退社に伴う手続き

5日以内	健康保険・厚生年金保険被保険者資格喪失届	年または組	健・厚
10日以内	雇用保険被保険者資格喪失届(※)	公	雇
10日以内	雇用保険被保険者離職証明書(注)	公	雇
1か月以内	源泉徴収票	本人	所
翌月10日	給与所得者異動届出書	役	住

(※)外国人労働者については一定の記載事項あり
(注)被保険者が離職する際に離職票の交付を希望する場合(再就職先が決まっておらず失業保険〈基本手当〉を受けることを希望する場合)

3 40歳以上65歳未満の被保険者が海外滞在等で介護第2号被保険者に該当しなくなったとき

遅滞なく	介護保険適用除外該当・非該当届	年または組	介

4 社員を転勤させたとき

10日以内	雇用保険被保険者転勤届	公	雇

令和**6**年度版 やさしくわかる

給与計算と
社会保険事務
のしごと

総合事務所ブレイン／
ブレイン社会保険労務士法人代表
北村庄吾

日本実業出版社

はしがき

　会社の給与は、そこで働く人の生活を支える最も重要な労働条件の1つです。給与計算事務を担当される方は、その重要な労働条件の実務的な処理を行なっています。給与計算事務は、間違いが許されない事務です。万が一、誤った処理をしてしまうと、会社が責任を取らなければならなくなる事態も考えられます。

　このような重要な事務である給与計算は、年々複雑になっています。それは、社会保険制度の改正、所得税・住民税といった税制の改正等が頻繁に起きるからです。特に、年金や医療保険制度を中心とする社会保険関係は、毎年といっていいほど改正が行なわれています。担当者の方は、これらの改正情報を正確に把握して、実務の処理を行なわなければなりません。しかし、改正は多岐にわたり、担当者が1人ですべてを把握することは困難な作業となります。

　本書は、最新の法律改正を網羅し、かつ、WEBサイトでもフォローを行なっています。だからこそ、本書は毎年絶大な支持をいただいているのだと思います。

　また本書は、初めて担当される方でも理解しやすいように、実務に即した形で法律の知識をまとめています。

　まず、給与明細書の内容から実務の基礎知識を整理する構成をとっています。給与明細書は労働関係の法律の集大成ともいえます。後半では、仕事の流れが時系列でわかるカレンダー形式で、実務処理の知識と手順をまとめています。実際に使用する書式例を数多く掲載しているのも特徴の1つです。

　本書を有効に活用されて、実務を担当される方の負担が少しでも軽くなり、かつ、事務処理をスムーズに行なうことができるようになれば幸いです。

　最後に、本書の執筆にあたり、ご協力いただいた専門家の皆様に紙面を借りてお礼申し上げます。

北村　庄吾

令和6年度版 やさしくわかる 給与計算と社会保険事務のしごと

● もくじ ● ● ● ● ●

はしがき

知っておきたい！ 令和6年度の重要法改正のまとめ

第 **I** 編

はじめの一歩！ しごとのしくみとつながりを知ろう

第 **1** 章　給与計算と社会保険事務　基本の基本

第2章　**明細書から給与計算のしくみを知ろう**

第3章　**給与から控除されるもののしくみ**

第4章 休日と労働時間の実務知識

第5章 社会保険の届出と手続き

第 II 編

給与計算・社会保険事務担当者の1年間

4月～6月の給与計算事務と社会保険手続き

7月〜9月の給与計算事務と社会保険手続き

10月〜12月の給与計算事務と社会保険手続き

1月～3月の給与計算事務と社会保険手続き

第III編

担当者なら知っておこう！ 主な給付に関する届出

装丁◎稲木秀和
DTP ◎一企画

知っておきたい！
令和6年度の
重要法改正のまとめ

制度変更を知っていないと、思わぬミスにつながります。
令和6年度の給与計算事務に関連するものとしては、
「社会保険・労働保険の保険料率の変更」
「時間外労働の上限規制の適用拡大」
「労働条件の明示のルールの見直し」
「いわゆる106万円の壁・130万円の壁への対応」
「定額減税の実施」
などがあります。

CONTENTS

1 社会保険・労働保険関係の改正のポイント

2 労働基準関係の改正のポイント

3 臨時的な措置（定額減税など）

1 社会保険・労働保険関係の改正のポイント

社会保険・労働保険の保険料率の変更

各種保険料率は、以下のとおりとなります。

●健康保険（介護保険）

① 令和6年3月分（4月納付分）から、協会けんぽの医療分の保険料率（都道府県単保険料率）が改定されています。

改定後の率は、71ページを参照ください。

② 令和6年3月分（4月納付分）から、協会けんぽの介護保険料率（介護保険第2号被保険者〔40歳から65歳までの人〕が、①に加えて負担）が1.82%から「**1.60%**」に引き下げられています（この率は全国一律）。

●厚生年金保険

平成29年以降は「18.3%（1,000分の183）」で固定されています。

●雇用保険

令和6年4月からの改定はありません（各区分とも、前年度の率に据え置き）。

●労災保険

全額事業主負担であるため給与計算には関係ありませんが、令和6年4月から、全54業種のうち20業種で改定が行なわれました。

改定後の率は、128ページを参照ください。

2 労働基準関係の改正のポイント

1. 適用猶予事業・業務への時間外労働の上限規制の適用

2019（平成31）年4月から適用されている**時間外労働の上限規制**について、次の事業・業務（**旧：適用猶予事業・業務**）については、業務の特性や取引慣行の課題があることから、その適用が5年間猶予されていました。

① 工作物の建設の事業	③	医業に従事する医師
② 自動車運転の業務	④	鹿児島県などの砂糖製造事業

この猶予期間が、2024（令和6）年3月末をもって終了し、同年4月からは、旧：適用猶予事業・業務についても時間外労働の上限規制が適用される

ことになりました（ただし、事業・業種の特性に応じた特例あり）。

【令和6年4月1日からの取り扱い】

①建設の事業	一般の事業に適用されている時間外労働の上限規制がすべて適用されます。 　ただし、**災害の復旧・復興の事業**については、次の点が異なります。 □　時間外労働と休日労働の合計について、「月100時間未満」、「2〜6か月平均80時間以内」とする規制は適用されない
②自動車運転の業務	基本的には、一般の事業に適用されている時間外労働の上限規制が適用されます。ただし、次の点は異なります。 □　特別条項付き36協定を締結する場合の年間の時間外労働の上限が**年960時間**とされる □　時間外労働と休日労働の合計について、「月100時間未満」、「2〜6か月平均80時間以内」とする規制は適用されない □　時間外労働が月45時間を超えることができるのは年6か月までとする規制は適用されない
③医師	一般の事業に適用されている時間外労働の上限規制を、医療法や関係省令などで修正した内容が適用されます（詳細は省略）。
④一定の砂糖製造事業	一般の事業に適用されている時間外労働の上限規制がすべて適用されます。

ひと言　これらの事業・業務では、時間外労働に関して新たな規制に対応する必要が生じました。いわゆる「2024問題」として話題の事柄です。

２．労働条件の明示のルールの見直し

　会社は、社員が入社する際に、社員に対し、一定の労働条件を明示しなければなりませんが、その明示事項に、令和6年4月1日から、次の事項が追加されました。

対象	明示のタイミング	追加された明示事項	備考
すべての社員	すべての労働契約の締結時と有期労働契約の更新時	就業場所・従事すべき業務の変更の範囲	書面等の交付が必要
有期契約の社員	有期労働契約の締結時と更新時	更新上限（通算契約期間または更新回数の上限）…その定めがある場合	

〈補足〉今回の改正では、上記のほか、無期転換申込権が発生する場合の明示事項なども新設されました。

なお、この改正に伴い、厚生労働省が示している「**労働条件通知書**」も改められました（新たな「労働条件通知書」は、149ページを参照ください）。

3 臨時的な措置（定額減税など）

1．社会保険関係／「106万円の壁・130万円の壁」への対応

健康保険および厚生年金保険においては、会社員の配偶者などで一定の収入がない方は、被扶養者（第3号被保険者）として、社会保険料の負担が発生しません。しかし、一定の収入を超えると、社会保険料の負担が発生し、その分手取り収入が減少することから、就業調整をする方がいます。

その収入基準が、106万円の壁・130万円の壁です。

【106万円の壁・130万円の壁のポイント】

106万円の壁	130万円の壁
□ 特定適用事業所（101人*以上の規模）または任意特定適用事業所に勤務する方が、健康保険・厚生年金保険の被保険者になるかどうかの基準。	□ 会社員の配偶者などで一定の要件に該当する者が、健康保険の被扶養者・国民年金の第3号被保険者になれるかどうかの基準。
□ パートタイマーなどであっても、週所定労働時間が20時間以上などの要件を満たし、賃金の月額が8.8万円以上である場合には、被保険者となり、社会保険料が発生することになります。	□ パートタイマーなどで収入があり、年収が130万円以上である場合には、被扶養者・第3号被保険者になれず、社会保険料が発生することになります。
（8.8万円×12か月＝105.6万円なので、一般的に「106万円の壁」と呼ばれています）	㊟ 60歳以上の方または一定の障害がある方の場合、「130万円」を「180万円」と読み替えます。

＊令和6年10月1日からは、51人以上

政府は、これらの年収の壁を意識せずに働くことができる環境づくりを後押しするため、令和6年に予定されている次期財政検証による年金制度改正が施行されるまでの**当面の対応**として、令和5年10月から、次のような措置を講ずることにしました。

(1)　「106万円の壁」への対応

パートタイマーなどの健康保険および厚生年金保険への加入に合わせて、**手**

取り収入を減らさないための取組を実施する企業に対し、「**キャリアアップ助成金（社会保険適用時処遇改善コース）** *」を支給することとされました。

＊被保険者となった社員１人当たり最大50万円を支援するもの

〈**手取り収入を減らさないための取組**〉

- 社会保険適用促進手当の支給（社会保険料の算定対象外）
- 賃上げによる基本給の増額、所定労働時間の延長

| 要チェック | 社会保険適用促進手当とは？ |

> 社会保険適用促進手当は、**会社**が、社員の保険料負担を軽減するために**支給するもの**です（政府が支給するものではありません）。その留意点は次のとおりです。
>
> □ **社会保険料（健康保険の保険料・厚生年金保険の保険料）の対象とならない**……標準報酬月額・標準賞与額に算入しません。
>
> □ **所得税・住民税、労働保険料の対象にはなる**……これらに関しては、給与等の一部として通常の取り扱いとなります。

⑵ 「130万円の壁」への対応

　扶養の認定を受け、健康保険の被扶養者・国民年金の第３号被保険者である方が、繁忙期に労働時間を延長したことなどにより、**収入が一時的に上がったとしても、事業主（会社）が「一時的に収入が上がった」ことを証明**すれば、**扶養の認定を継続する**ことが可能とされました。

　手続きとしては、扶養されている方が、ご自身の職場から一時的に収入が増加した旨の証明をもらい、その配偶者（被保険者である方）が、職場における被扶養者の収入の確認の際に、その証明を提出する必要があります。

２．税制関係／定額減税の実施

　令和６年度の税制改正で、令和６年分の所得税・令和６年度分の個人の住民税について、定額減税を実施することとされました。

　まずは、いくら減税されるのか、確認しておきましょう。

① **所得税の定額減税の額**

　→本人分の３万円＋同一生計配偶者・扶養親族１人につき３万円

② **住民税の定額減税の額**

　→本人分の１万円＋控除対象配偶者・扶養親族１人につき１万円

　〈補足〉控除対象配偶者を除く同一生計配偶者については、令和７年
　　　　　度分の住民税の額から、１万円を控除することとされています。

㊟ 定額減税を受ける本人の合計所得金額は1,805万円以下であることが必要です。また、定額減税額の計算の基礎となる本人・配偶者・扶養親族は、いずれも、基本的に日本国内に住所を有する者に限ります。

(1) 所得税の定額減税の実施の方法

　給与所得者（社員）に対する所得税の定額減税は、次のように、給与等の支払者（会社）において行うことになります。

> 　令和６年においては、会社は、社員の所得税について、「給与所得者の扶養控除等（異動）申告書」を提出している者に対して、次の２つの事務を行う必要があります。
>
> ①　令和６年６月１日以後に支払う給与等（賞与を含む）に対する**源泉徴収税額**から、**その時点の定額減税額**を控除する事務〔**月次減税事務**〕
>
> ②　年末調整の際、**年末調整時点の定額減税額**に基づき**精算**を行う事務〔**年調減税事務**〕

詳しい内容については、「所得税の定額減税」（239ページ）を参照ください。

(2) 住民税の定額減税の実施の方法

　給与所得者（社員）に対する住民税の定額減税は、次のように実施されます。

> ①　特別徴収義務者（会社）は、令和６年６月に給与の支払いをする際は、特別徴収を行わず、定額減税額を控除した後の住民税の額の11分の１の額を、令和６年７月から令和７年５月まで、それぞれの給与の支払いをする際に毎月徴収する。
>
> ②　地方公共団体は、令和６年度分の給与所得に係る住民税の特別徴収税額通知（書）（納税義務者用）に控除した額等を記載する。

第 I 編

はじめの一歩！
しごとのしくみとつながりを知ろう

第 1 章

給与計算と社会保険事務
基本の基本

あなたの実務知識は どれくらい？

まずはじめに、給与計算と社会保険の事務手続きに関してどれくらいの知識があるのかを、次のクイズで確認してみよう。

チャレンジ！ 給与計算と社会保険事務の基礎問題

以下の問題文が正しければ○、誤っていれば×をつけましょう。

Q1 給与は毎月支払わなければならない。また、毎月の給与の支払明細は賃金台帳に記録し保存しなければならない。

Q2 給与からは所得税・住民税などの税金と厚生年金保険や健康保険等の社会保険料を控除することになっている。

Q3 ボーナスから所得税は控除しなければならないが、社会保険料は控除する必要がない。

Q4 所定労働時間が8時間のところ10時間働いた場合は、超過した2時間分について1時間当たり通常支払う賃金の25%以上の率で計算した割増賃金を支払わなければならない（休日・深夜の労働ではなく、月60時間以下の時間外労働とする）。

Q5 社員の人は年末調整で税金の精算をするか、自分で確定申告するかを選ぶことができる。

Q6 株式会社日実商事の社長の次の発言は正しいでしょうか？

新米総務　「社会保険の加入手続きはどうしましょうか？」

社　　長　「社会保険？　うちの会社は国民年金と国民健康保険に自分で加入するようにしよう」

Q7 労災保険からは、業務上の災害だけでなく通勤途中に事故にあった場合にも支給される。

Q8 健康保険からは、業務と関係がないけがや病気をした場合に支給される。

Q9 介護保険の保険料は、年齢に関係なく働いている社員全員が納めなければならない。

Q10 雇用保険には取締役や社長などの役員も加入できるが、厚生年金保険や健康保険には加入できない。

答え

給与関係	Q1○	Q2○	Q3×	Q4○	Q5×
社会保険関係	Q6×	Q7○	Q8○	Q9×	Q10×

合計で8点以上得点できた人は優秀！　本書を読んで、より知識を確実にしてほしい。また、7点以下だった人もがっかりすることはない。本書を読み進めていくとすべて解決する。なお、この問題の詳しい解説は119ページを見てほしい。

Section 1-2
給与計算はなぜ
必要なのか

給与計算は国の事務を一部代行している

　　給与計算は、会社の諸規定と法律に基づいた支給金額から、所得税・住民税といった税金や厚生年金保険・健康保険（介護保険）・雇用保険等の社会保険料を控除して（差し引いて）各社員の支給額（一般的に手取額という）を計算する過程の事務作業のことをいう。

　　税金や社会保険料は、所得税法や厚生年金保険法、健康保険法（介護保険法）といったそれぞれの法律で、会社などが給与を支払う場合に強制的に徴収（源泉徴収）する決まりになっている。つまり、国の税金や保険料の徴収事務を、会社が一部代行しているわけだ。こういった意味からも、給与計算は重要な事務の1つになっている。

給与支払いのしくみ

　　給与は「毎月最低1回は支払わなければならない」と労働基準法という法律で決められている。年俸制をとる会社でも、1年に1回支給されるわけではない。年俸を均等に割った額を毎月の給与とボーナスに振り分けて支払うのが一般的だ。

　　ボーナスからも、所得税と社会保険料を控除しなければならない。

　　給与やボーナスを支払った場合には、給与明細書を作成して社員に渡すとともに、控除された額などを源泉徴収簿や賃金台帳といわれる記録簿に記録し、一定期間保存しなければならない。

☀ 国の事務を代行するとは？ ☀

給与計算事務には、国に納める税金（所得税）、地方公共団体に納める税金（住民税）と社会保険料を、国などに代わって徴収し、納付する手続きも含まれます。

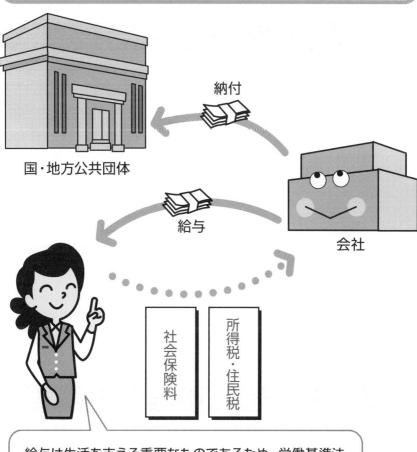

納付

国・地方公共団体

給与

会社

社会保険料

所得税・住民税

給与は生活を支える重要なものであるため、労働基準法という労働者のための憲法ともいうべき法律で、賃金支払5原則（44ページ）等が厳格に規定されています。

Section 1-3

給与計算における年間の事務の流れ

毎月の給与計算

　ここでは、全体の流れをつかむために、給与計算に関する年間の事務の流れを確認しておこう。給与を毎月支給しなければならないことはすでに述べた。したがって、給与計算事務は毎月発生することになるわけだ。毎月の給与計算は、基本給など決まって支給されるもの以外にプラスされるものとマイナスされるものをきちんと把握することからはじまる。プラスされるものには、残業代などがある。マイナスされるものには、税金や社会保険料、欠勤した場合の欠勤控除などがある。

　こういった変動項目を一定期間で区切るために給与計算には締切日（〆日）が設けられている。昔は、20日締切りの25日支給という会社が多かったが、最近は、金融機関（銀行等）からの振込みによって支払う会社がほとんどのため、締切日から支給日まで余裕をもたせる会社が多くなっている（金融機関を通じての振込みの場合、通常3～4営業日前までにデータを渡す必要がある）。

ボーナス（賞与）の計算

　最近は、年俸制という給与体系をとった上で、毎月均等に支給額を割り振る会社も増えてきたが、多くの会社ではボーナス（賞与）を年2回から3回支給している。

　ボーナスからも所得税と社会保険料等の控除が必要になるため、一定の事務が発生することになる。

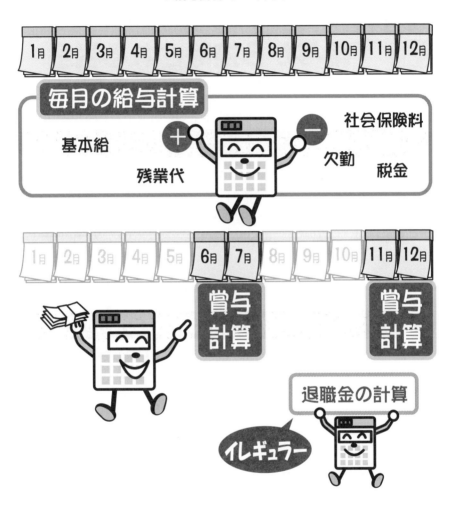

☀給与計算の1年間☀

退職金の計算

　　最近では退職金制度をなくすという会社も出てきたが、現在も多く
の会社には退職金制度がある。年間の定期的な事務ではないが、退職
金にも税金がかかる場合は、一定の事務手続きが発生する。

給与から控除される税金

税金の種類

給与から控除されるものの1つが税金である。給与明細書をよく見ると、控除欄の中に「所得税」と「住民税」の欄があるはずだ。

所得税は、所得に応じて国に納めなければならない税金である。住民税は、正確には市町村民税と道府県民税の2つの税金からなっている。

つまり給与からは、3種類の税金が控除されていることになる。

なぜ、税金を控除しなければならないのか？

サラリーマン等の給与所得者については、給与の支払者である会社が、支払いの際に所得税を控除してまとめて申告納付する制度がとられている。この制度を「源泉徴収制度」という。また、住民税も、サラリーマン等の給与所得者については、所得税と同じように給与の支払者が給与を支払う際に毎月徴収して納付する制度をとっている。これを「特別徴収」といい、自分で納付する「普通徴収」と区別されている。

つまり、所得税と住民税については、会社が計算した上で、支払う給与の中から控除し、個人に代わって期日までに納付する制度がとられている。したがって、会社の給与計算の担当者には、給与と税額を正確に計算して、遅れることなく納付する責任が生じることになるわけだ。

☀ 税金にもいろいろある ☀

税金の種類①

日本には実に多くの種類の税金があります。課税するのが誰かという観点からは、次のように分類できます。この中で給与計算に関係するものが、所得税と道府県民税、市町村民税です。

国　税		収(所)得税	**所得税**＊・法人税
		財産税	相続税・贈与税・地価税
		消費税	消費税・酒税・たばこ税・揮発油税
		流通税	印紙税・登録免許税・自動車重量税
		目的税	電源開発促進税
地方税	道府県税	普通税	**道府県民税**・事業税・地方消費税・不動産取得税・道府県たばこ税・自動車税・自動車取得税・軽油引取税
		目的税	水利地益税・法定外目的税
	市町村税	普通税	**市町村民税**・固定資産税・特別土地保有税・軽自動車税・市町村たばこ税
		目的税	事業所税・都市計画税・国民健康保険税

＊復興特別所得税を含む

税金の種類②

税額の計算を誰が行なうのかによって、申告納税方式と賦課課税方式に分けられます。所得税は申告納税方式で、納税者の申告によって納付税額が確定します。会社は本人に代わってそれを行なうわけですから、給与計算は大変重要な事務といえるのです。

申告納税方式	納付税額を納税者の申告により確定	**所得税**＊・法人税・相続税
賦課課税方式	国や地方公共団体が納付税額を計算し、納税者に通知	**道府県民税・市町村民税**・不動産取得税・固定資産税

＊復興特別所得税を含む

給与計算と
税金関係事務の流れ

所得税と住民税

　所得税は、1月から12月までの1年間のその人の所得（給与やボーナスの総額から一定額を控除した額）に対して課税される。サラリーマン等の給与所得者については、会社で支払う毎月の給与やボーナスの中から所得税を徴収していき、1年間の所得の総額が確定する最終の12月の給与で調整する手続きをとる。

　住民税は、前年の所得に基づいて計算され、その年の6月から翌年の5月まで給与から徴収される。

　これに対して自営業の人などは、1年間の所得に対する税金を、翌年の2月中旬から3月中旬までの期間に「確定申告」という手続きで申告・納付することになっている。

給与所得者の扶養控除等（異動）申告書

　年間の所得が同じでも、家族を養っている人とそうでない人で支払う税金が同じだと不公平になる。そこで、所得税には扶養している人を持つ人に税金の負担が軽くなるようなしくみが設けられている。

　具体的には、収入から扶養する人数に応じた一定の金額を差し引いて、課税する所得を計算するというしくみになっている。扶養家族がいるかどうかを会社がきちんと把握するために、毎年はじめて給与を支給する前に、各社員が扶養している人を会社に届ける手続きがある。この届出書を「給与所得者の扶養控除等（異動）申告書」という。

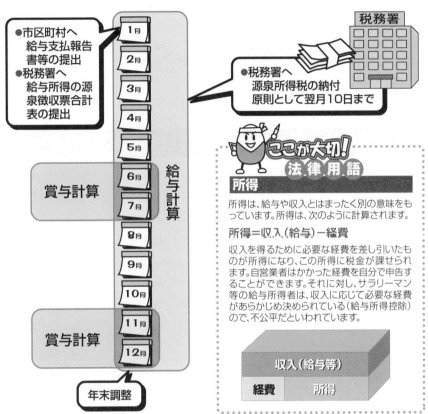

給与計算と税務の年間スケジュール

- 市区町村へ給与支払報告書等の提出
- 税務署へ給与所得の源泉徴収票合計表の提出

- 税務署へ源泉所得税の納付
原則として翌月10日まで

税務署

賞与計算

賞与計算

給与計算

年末調整

ここが大切！法律用語

所得

所得は、給与や収入とはまったく別の意味をもっています。所得は、次のように計算されます。

所得＝収入（給与）－経費

収入を得るために必要な経費を差し引いたものが所得になり、この所得に税金が課せられます。自営業者はかかった経費を自分で申告することができます。それに対し、サラリーマン等の給与所得者は、収入に応じて必要な経費があらかじめ決められている（給与所得控除）ので、不公平だといわれています。

収入（給与等）

経費　　所得

年末調整

12月に支払う給与や冬のボーナスで1年間の給与総額が確定し、年税額も確定する。つまり、毎月控除されていた所得税は、いわば「仮」であったわけだ。1月から11月まで毎月控除していた所得税と確定した所得税とを最終の給与で調整し、多く支払っていれば還付したり、少なければ徴収したりという事務が発生する。これが年末調整の事務である。

社会保険

社会保険のしくみ

社会保険制度とは

　社会保険制度は○○生命保険や○△損害保険といった民間の保険とは異なり、国が保険者（27ページ参照）となっている保険制度だ。そもそも保険制度は、事故の危険の確率論に基づいて成り立つしくみとなっている。自動車保険を例にとって説明すると、事故を起こす全体の確率によって保険料が決まり、実際に事故を起こした人に対しては、危険の度合いが高いということで保険料も上がる。これとは逆に1年間無事故なら、保険料は年々下がっていく。これが民間の保険だ。社会保険制度は民間の保険とは異なり、強制的に加入しなければならず、また、病気にかかりやすい人とそうでない人でも一律の保険料となっているなど、確率論に基づいた純粋な保険のしくみとは異なる考え方になっている。

社会保険制度の適用

　社会保険制度は、お互いに助け合う制度という意味で強制的に加入しなければならない（これを強制適用という）。制度に加入することを、法律的には「適用を受ける」といういい方をする。社会保険（健康保険・介護保険・厚生年金保険）については、株式会社などの法人はすべて、個人事業の場合でも一定の業種（農林水産業およびサービス業）以外は強制適用となっている。労働保険（労災保険・雇用保険）も同様で、一定の業種（農林水産業）・規模の個人事業を除いて、1人でも労働者を雇い入れた場合には強制適用となっている。したが

うれしい給料日……

って、個人事業の一部を除いた大部分のサラリーマンは社会保険に加入しているということになる。また、社会保険は、民間の保険とは異なり、会社と被保険者が負担する保険料以外に、国が一定額を拠出するしくみになっている。

　これらの社会保険料は税金と同じように、会社が支払う給与の中から控除して納めることとされているので、給与計算と社会保険事務は密接な関係にあるのだ。

社会保険は強制適用が原則です。

	法人 （株式会社など）	個人事業 八百屋
社会保険	◎ 強制適用	△ 適用業種で5人以上の従業員がいるところは強制適用※
労働保険	◎ 強制適用	○ 1人でも労働者を雇い入れるところは強制適用

※非適用業種（農林水産業、飲食店、理容・美容業、弁護士等の専門サービス業等）では5人以上の従業員がいても強制適用にはならない。

☀地位による社会保険加入の義務☀

	雇用保険	労災保険	健康保険	厚生年金保険
社長	×	×	◎	◎
取締役等	△	△	◎	◎
従業員	◎	◎	◎	◎

◎必ず加入　△労働者的要素が強ければ加入できる場合もある　×加入できない

☀広義の社会保険と狭義の社会保険☀

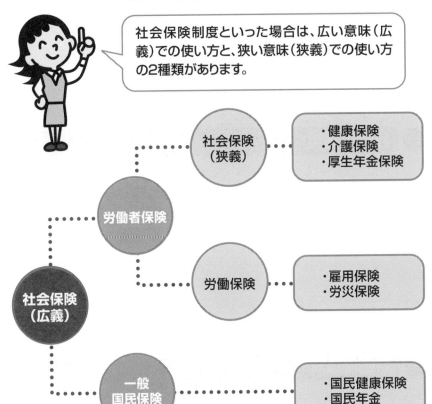

社会保険制度といった場合は、広い意味（広義）での使い方と、狭い意味（狭義）での使い方の2種類があります。

社会保険（狭義）
・健康保険
・介護保険
・厚生年金保険

労働者保険

社会保険（広義）

労働保険
・雇用保険
・労災保険

一般国民保険
・国民健康保険
・国民年金

ここが大切！ 法律用語

保険者

保険は、事故が起きる確率に基づいてみんなで助け合う制度です。この保険制度において、事故が起きた場合に保険金などの給付を行なう人を保険者といいます。

社会保険制度

社会保険制度は社会保障制度の一環として実施されています。社会保険制度は、社会保障制度の中でも、中心的な役割を果たしており、職域（職業）によって、加入する制度が異なるという特徴をもっています。

給与計算と
社会保険事務の流れ

社会保険料

　社会保険料（健康保険料・介護保険料・厚生年金保険料）は、給与およびボーナス（正確には標準報酬月額および標準賞与額）に一定の保険料率を乗じた額を会社と個人で原則として半分ずつ負担することになっている。保険料は毎月納めることになっており、翌月末が納付期限となっている。したがって、毎月の給与計算の過程で社会保険料の計算と納付の事務が発生することになる。現在では、納付の事務は原則として預金口座振替で処理されているため、特に納付事務手続きは発生しない。

労働保険料

　労働保険の保険料は社会保険料と異なり、1年に1回納付する形がとられている。労働保険料も給与に一定の率を乗じた額となっているが、労災保険は全額会社負担、雇用保険は会社と個人で負担割合が決められている。労働保険では、毎年4月から翌年3月までを年度としている。この年度において予想される給与の総額に労働保険料の率を掛け合わせた額（概算となるため概算保険料という）をあらかじめ納付して、1年経過した段階で確定した保険料と概算で支払った保険料とを精算する手続きを繰り返す。この手続きは「年度更新手続き」と呼ばれている。

☀給与関係と社会保険関係の１年間の事務☀

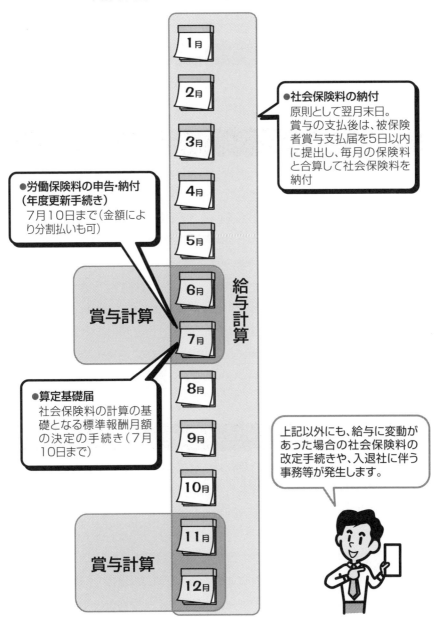

1月
2月
3月
4月
5月
6月
7月
8月
9月
10月
11月
12月

給与計算

●**社会保険料の納付**
原則として翌月末日。賞与の支払後は、被保険者賞与支払届を5日以内に提出し、毎月の保険料と合算して社会保険料を納付

●**労働保険料の申告・納付（年度更新手続き）**
7月10日まで（金額により分割払いも可）

賞与計算

●**算定基礎届**
社会保険料の計算の基礎となる標準報酬月額の決定の手続き（7月10日まで）

上記以外にも、給与に変動があった場合の社会保険料の改定手続きや、入退社に伴う事務等が発生します。

賞与計算

社会保険制度の概要

厚生年金保険

　厚生年金保険は、会社員や公務員が加入する年金制度である。といっても、昭和61年4月からは会社員や公務員も国民年金（基礎年金、右図参照）に同時に加入していることになっている。厚生年金保険は、老後の年金の支給を行なう老齢厚生年金の給付と、障害になった場合に支給される障害厚生年金・障害手当金、死亡した場合に支給される遺族厚生年金の保険給付を行なっている。保険料は、給与およびボーナス（正確には標準報酬月額および標準賞与額）から徴収することになっている。また、会社員等の配偶者で年収130万円未満の人は保険料の負担はないが国民年金のみの加入となる。なお一定の要件を満たす短時間労働者（78ページ参照）も厚生年金・健康保険に加入する。

健康保険

　健康保険は、仕事とは関係なく病気やけがをした場合に必要な給付を行なう制度である。業務外の事情で病気やけがをした場合に給付が受けられる点で労災保険と異なっている。

　主な給付は、カゼをひいたり、腹痛を起こしたときに病院で診察を受けると診察代の原則7割が支給される（つまり支払いは3割ですむ）療養の給付や、出産した場合の費用としての出産育児一時金、長期の入院等で働けなくなった場合に一定期間の所得補償を行なう傷病手当金等の給付がある。また、一定の要件を満たす家族等（被扶養者、

☀年金制度の構造と給付の種類☀

年金制度

国民年金は全国民が加入している年金ということで基礎年金と呼ばれています。その上に（2階建て年金制度といったりしますが）会社員や公務員の人は厚生年金に加入しています。公務員の人も、平成27年10月から厚生年金に加入しています。

国民年金基金		確定給付企業年金	厚生年金基金	職域部分（経過措置）	年金払い退職給付※
		厚生年金		厚生年金（旧共済組合）	

国民年金（基礎年金）

第1号被保険者	第3号被保険者	第2号被保険者
自営業者、20歳以上の学生、第2号・第3号被保険者でない人	第2号被保険者の配偶者（専業主婦等）	民間会社勤務の会社員、公務員

※共済年金の「職域部分」は廃止され、新たに「年金払い退職給付」を創設。ただし、平成27年10月以降に受給権が発生する人で、平成27年9月までの組合員期間がある人については、経過措置として、その期間に応じた職域部分の年金が支給される。

社会保険の主な給付

厚生年金保険

老齢になったとき	＝	老齢厚生年金
障害になったとき	＝	障害厚生年金・障害手当金
死亡したとき	＝	遺族厚生年金

健康保険

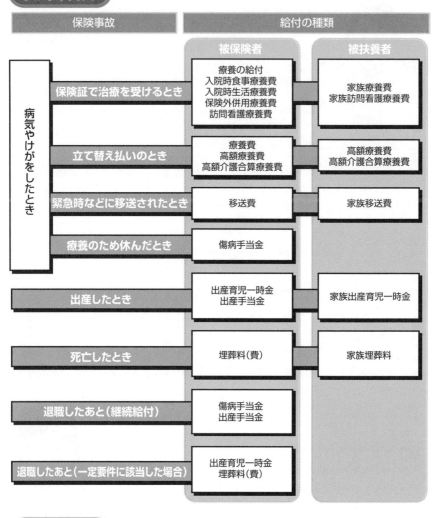

保険事故	給付の種類	
	被保険者	被扶養者
保険証で治療を受けるとき	療養の給付 入院時食事療養費 入院時生活療養費 保険外併用療養費 訪問看護療養費	家族療養費 家族訪問看護療養費
立て替え払いのとき	療養費 高額療養費 高額介護合算療養費	高額療養費 高額介護合算療養費
緊急時などに移送されたとき	移送費	家族移送費
療養のため休んだとき	傷病手当金	
出産したとき	出産育児一時金 出産手当金	家族出産育児一時金
死亡したとき	埋葬料（費）	家族埋葬料
退職したあと（継続給付）	傷病手当金 出産手当金	
退職したあと（一定要件に該当した場合）	出産育児一時金 埋葬料（費）	

病気やけがをしたとき

介護保険

| 要介護状態に
なったとき	＝	訪問介護、訪問入浴介護、訪問看護、訪問リハビリテーション、居宅療養管理指導等

82ページ参照）も診察代が原則3割の負担ですむ等のサービスを受けることができる。保険料は、全国健康保険協会が保険者となる協会管掌健康保険（協会けんぽ）と、一定の条件を満たした場合に設立することができる健康保険組合が保険者である場合で異なっている。協会けんぽの場合は、標準報酬月額に保険料率（東京都の場合9.98%）を掛け合わせた金額を会社と被保険者が折半で負担する。厚生年金保険同様、賞与からも保険料は徴収される。

　健康保険組合の場合、保険料率や会社と被保険者の保険料負担割合は、裁量の範囲が法律で決められており、組合ごとに異なっている。

介護保険

　介護が必要な人（要介護状態という）に対しく、入浴やリハビリ等の各種介護サービスを行なっている。保険料は給与に一定の率を乗じた額で、40歳から65歳未満の社員（介護保険第2号被保険者という）から徴収する。

☀社会保険の保険料☀

給与から

給与 社会保険料 →

厚生年金保険料	健康保険料	介護保険料
給与（標準報酬月額）に保険料率183／1000を乗じた額を会社と社員で折半負担	給与（標準報酬月額）に保険料率99.8／1000を乗じた額を会社と社員で折半負担	給与（標準報酬月額）に保険料率16.0／1000を乗じた額を会社と社員で折半負担

ボーナスから

賞与 社会保険料 →

厚生年金保険料	健康保険料	介護保険料
賞与（標準賞与額1000円未満切捨て、上限150万円）に保険料率183／1000を乗じた額を会社と社員で折半負担	賞与（標準賞与額1000円未満切捨て、上限573万円〈年度累計〉）に保険料率99.8／1000を乗じた額を会社と社員で折半負担	賞与（標準賞与額1000円未満切捨て、上限573万円〈年度累計〉）に保険料率16.0／1000を乗じた額を会社と社員で折半負担

労働保険制度の概要

労災保険

労災保険は、業務上または通勤途中の事故などが原因で病気やけが、死亡した場合に必要な給付を行なう制度である。

主な給付として、労災指定病院等で病気やけがが治るまで必要な治療を受けられる療養（補償）給付、病気やけがのため働けなくなった場合に一定の所得補償が受けられる休業（補償）給付、障害になった場合の傷病（補償）年金と障害（補償）給付、死亡した場合に遺族に支給される遺族（補償）給付等がある。

労災保険は、通勤災害で支給される給付を除いて、健康保険のような自己負担金はない。通勤災害の場合にも、はじめて治療を受けたときに200円を支払う負担金があるだけだ。また、保険料も全額会社負担となっているので、給与等からの控除はない。

健康診断の結果、心臓疾患など異常の所見が見つかった場合に、再度の健康診断や保健指導が受けられる二次健康診断等給付もある。

また、複数の会社等で働く労働者について、各事業場の業務上の負荷を総合的に評価して支給する「複数業務要因災害」に関する保険給付もある。

雇用保険

雇用保険は「失業保険」と一般的に呼ばれているように、失業した人に対して次の仕事が見つかるまでの一定額の生活保障を目的とする求職者給付がその柱となっている。

加えて、60歳以上の人の雇用機会の継続を援助する高年齢雇用継続給付、介護・育児を目的とした場合の介護・育児休業給付、英会話やパソコン教室等、仕事に必要なスキルを伸ばすために学校に行く費用を負担する教育訓練給付等がある。

高齢者や介護を行なう者の雇用継続を促したり、個人のスキルを高めたり、育児を行なう者を支援したりすることで、「失業の予防」等を図ることを目的とした制度である。

保険料は、会社と労働者（被保険者という）が一定割合を負担することになっている。

☀労働保険の主な給付☀

労災保険（業務災害と通勤災害）

保険事故	業務上・通勤途中の負傷・疾病、障害または死亡等

業務災害・通勤災害による傷病等

負傷
疾病

療養（補償）給付		休業（補償）給付
療養の給付	療養の費用	傷病の療養のため労働することができず、賃金を受けられないとき
労災病院や労災指定医療機関等で療養を受けるとき	労災病院や労災指定医療機関等以外で療養を受けるとき	

傷病（補償）年金
療養開始後1年6か月たっても傷病が治らないで障害の程度が傷病等級に該当するとき

死亡

治癒

遺族（補償）給付		葬祭料（葬祭給付）	障害（補償）給付	
年金	一時金	労働者が死亡したとき	年金	一時金
労働者が死亡したとき	労働者が死亡し、遺族（補償）年金を受け取る遺族がまったくいないとき等		傷病が治って障害等級第1級から7級までに該当する身体障害が残ったとき	傷病が治って障害等級第8級から14級までに該当する身体障害が残ったとき

介護（補償）給付
障害（補償）年金または傷病（補償）年金の一定の障害により、現に介護を受けているとき

死亡

（注）通勤災害の場合は、事業主に補償の責任が生じないため「補償」の文字がつきません。

雇用保険

保険事故	失業、雇用の継続が困難となった場合、教育訓練を受けた場合、子を養育するための休業をした場合

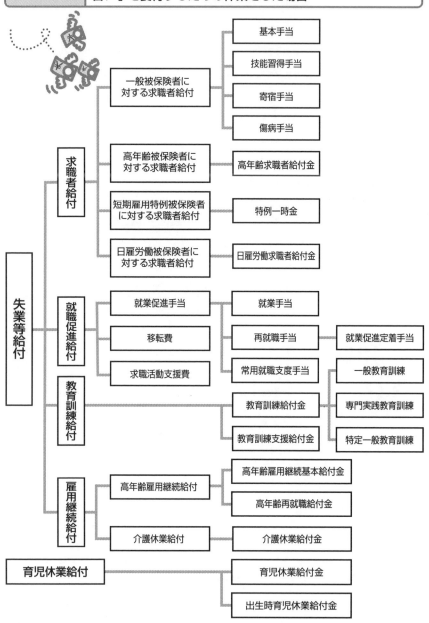

失業等給付

求職者給付
- 一般被保険者に対する求職者給付
  - 基本手当
  - 技能習得手当
  - 寄宿手当
  - 傷病手当
- 高年齢被保険者に対する求職者給付
  - 高年齢求職者給付金
- 短期雇用特例被保険者に対する求職者給付
  - 特例一時金
- 日雇労働被保険者に対する求職者給付
  - 日雇労働求職者給付金

就職促進給付
- 就業促進手当
  - 就業手当
  - 再就職手当 — 就業促進定着手当
  - 常用就職支度手当
- 移転費
- 求職活動支援費

教育訓練給付
- 教育訓練給付金
  - 一般教育訓練
  - 専門実践教育訓練
  - 特定一般教育訓練
- 教育訓練支援給付金

雇用継続給付
- 高年齢雇用継続給付
  - 高年齢雇用継続基本給付金
  - 高年齢再就職給付金
- 介護休業給付
  - 介護休業給付金

育児休業給付
- 育児休業給付金
- 出生時育児休業給付金

☀労働保険の保険料☀

労災保険は全額会社が負担します。

会社

○業種に応じた事故の危険度による
2.5/1000〜88/1000の保険料率を
1年間に支払った給与に乗じて負担

○特別加入者（⇒38ページコラム参照）
第1種　一般の保険料率と同じ
第2種　3/1000〜52/1000
第3種　3/1000

給与から

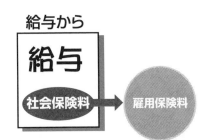

給与 社会保険料 ➡ 雇用保険料

ボーナスから

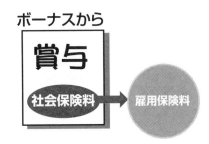

賞与 社会保険料 ➡ 雇用保険料

業種	雇用保険料率	負担	
		事業主	被保険者
一　般	15.5/1000	9.5/1000	6/1000
農林水産・清酒製造	17.5/1000	10.5/1000	7/1000
建　設	18.5/1000	11.5/1000	7/1000

雇用保険料率は業種によって異なります。雇用保険は、事業主と社員双方で負担しますが、社員が負担するのは給与に保険料率6/1000または7/1000を乗じた額になります。

労災保険の特別加入者

●労災保険の目的

　業務上の事故によって病気やけがをした場合の治療費等は、労働基準法という法律で会社がすべて負担することになっています。会社は労働者の労働によって利益を上げているため、仕事に伴うリスクは会社が負担しましょうという考え方です。しかし、すべて会社が負担するとなると大きな事故が起こった場合、その負担が原因で潰れる会社も出てきます。

　そこで、国が強制的に会社に加入させる、労働者への補償と会社の負担をカバーするための労災保険制度ができました。

　労災保険が労働者の補償を目的としているため、労災保険の保険料は全額会社が負担することになっています。また、保険の対象となる人は「労働者」で、社長や役員は対象外ですが、兼務役員は、労働者としての立場の報酬がある場合は、その部分については加入できます。

●特別加入とは

　労災保険には特別加入という制度があります。労災保険は労働者を対象とした保険ですが、中小企業の経営者や一人親方といわれる自営業者は経営者でありながら自分自身も労働者として働いているため、一定の条件を満たせば特別に労災保険に加入できる制度があるのです。

●特別加入できる人

第 1 種特別 加入被保険者	第 2 種特別 加入被保険者	第 3 種特別 加入被保険者
中小企業の経営者や役員	個人タクシーなど 一人親方	海外派遣者

Section **1-10**

社会保険相互の関係

サラリーマンと自営業者の加入する制度

　社会保険制度は、保険事故と適用される法律を関連づけると全体が見えてくる。40ページには保険事故（給付されるケース）と給付を行なう保険制度（法律）がまとめてある。

　まず、大きく分けると、サラリーマン等の被用者と自営業者に分けられる。自営業者は年金制度では国民年金のみの加入となっており、医療保険は国民健康保険となっている。

　給付内容もかなり違っており、「自営業者の方もサラリーマン並みの老後を」という宣伝でもおなじみの国民年金基金などで手当てしないと、自営業者の老後の年金は厳しい状況にある（自営業者は国民年金だけの加入、サラリーマン等の被用者は厚生年金と国民年金に加入しているため）。

　医療保険は、健康保険、国民健康保険ともに本人の自己負担は原則3割になっている。

サラリーマンはダブルで受け取れるケースも

　被用者の欄を見てみると、遺族や障害になった場合には、労災保険と厚生年金保険の2つの法律から給付が受けられる形になっている。例えば、業務上の事故によって死亡したような場合、支給要件を満たせば厚生年金保険から遺族厚生年金（国民年金からも遺族基礎年金が支給される場合がある）と労災保険から遺族補償給付が支給されることになる。この場合は、2つ（国民年金からの給付をあわせると3つ）

の給付が受けられるが、労災保険からの支給を少し減らすような調整が行なわれる。これを法律では「併給調整」と呼んでいる。

☀ 保険事故と給付 ☀

日本人であれば、なんらかの公的な保険制度に加入することになります。
自営業者の場合は、労災保険的な保険制度と雇用保険的なものがないため、一般的には民間の○○生命保険とか○△損害保険でカバーしています。

			出産	疾病負傷	埋葬	遺族	障害	老齢	失業
被用者	業務上			労災保険		労災保険 厚生年金保険 国民年金		厚生年金保険・国民年金	雇用保険
	業務外	通勤							
		その他		健康保険		厚生年金保険 国民年金			
自営業者				国民健康保険		国民年金			

第 **I** 編

はじめの一歩！
しごとのしくみとつながりを知ろう

第 **2** 章

明細書から
給与計算のしくみを知ろう

Section 2-1

給与支払いの法律上の規制

● いくら払うかは自由だが……

　基本給、役職手当、通勤手当といった給与明細の支給項目は、会社によって異なっている。基本給（最近は基本給という言葉を使わない会社もある）の額はもちろん、どういった内容の手当や金額を支給するかは、それぞれの会社で自由に取り決めることができる。これは、私的な法律関係を規制する大原則である「契約自由の原則」に基づいている。労働契約も契約の1つであることから、この原則が適用されるというわけだ。

● 最低限の規制

　とはいっても、給与は生活を支える重要な要素であることから、法律上最低限の規制は行なわれている。

　給与の額はそれぞれの会社で自由に決められることは既に述べたが、これにも「最低賃金」という越えるべきハードルがある。入社の時には給与の計算方法や支払時期などについて説明しなければならない。会社の規則である就業規則では、給与の基準や支払時期等を規定しなければならない。また、休日に出勤した場合や時間外に労働した場合の割増賃金は、労働基準法という法律で割増しの基準が決められている。

　このように、給与の支払いについては、法律上のいろいろな規制があるのだ。

給与の基準？

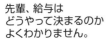

先輩、給与は
どうやって決まるのか
よくわかりません。

給与をどのように決める
かは、会社の経営や社員
のやる気を引き出すとい
った意味でも重要なこと
なんだ。給与体系ってい
うやつさ。

給与体系？

給与体系は大まかにいうと、
決められた労働時間内に働い
た分として受け取れる基本給
や諸手当と、残業した分に対
して支払われる時間外手当と
いう項目に分かれるんだ。

基本給はどのように
決めているん
ですか？

昔は、年齢に応じて上がっていく、年功
序列の給与体系が多かったけど、最近
では、能力や仕事の成果を評価した上
で給与を決定する、実力主義の賃金
制度も増えてきた。しかし、完全に実
力主義にしてしまうと、君のような新
入社員はゼロになるため、年齢に応じ
た給与と実力部分をミックスさせてい
る会社が多くなっているんだ。

うかうかしていると
先輩も給与が
下がってしまうわけ
ですね。

……。

ここが大切！法律用語　給与

日常用語では、給料や給与という呼び方が普通ですが、法律では、
賃金や報酬といった呼び方をします。呼び方が異なるのは法律
が作られた時代が違うからです。

Section 2-2

給与支払いのルール

賃金支払5原則

　給与の支払いには、一定のルールが定められている。労働基準法でいう賃金支払5原則である。ここでは、それぞれについて見ていこう。

原則1　通貨払いの原則

　賃金は通貨（日本のお金）によって支払うことを規定している。その意味は、ドル等の外国通貨、小切手や現物（商品など）で支払うことはできないということである。

原則2　直接払いの原則

　ピンハネ防止のため、賃金は本人に直接支払うことを規定している。

原則3　全額払いの原則

　定められた賃金の全額を支払わなければならない。ただし、第3章で説明するが、定められた金額を会社が控除できる例外もある。

原則4　毎月1回以上払いの原則

　賃金は毎月1回以上支払わなければならないという原則。毎月とは、暦月を指し、年俸制であっても、毎月1回以上、支払う必要がある。

原則5　一定期日払いの原則

　一定期日といっても、必ずしも「25日」等というように日付を指定する必要はなく、月給における「末日支払い」、週給における「月曜日支払い」のように、その日が特定される方法でよいとされている。しかし、「毎月第2土曜日」のように、一見、その日を特定しているようだが、月7日の範囲内で変動するような期日の定めをすることは許されない。

☀給与支払いの5原則☀

原則	内容	例外
通貨払い	小切手や現物で支払うことはできない	**法令上の例外なし** **労働協約** ・通勤手当の現物支給、住宅貸与の現物支給 **命令** ・銀行口座振込み、証券総合口座払込み、指定資金移動業者の口座への資金移動（賃金のデジタル払い）（注1） ・退職金の銀行振出小切手、郵便為替による支払い（注2）
直接払い	仕事の仲介人や代理人に支払ってはならない	**法令上の例外なし** **通達** ・使者たる家族への支払い ・派遣先の使用者を通じての支払い
全額払い	労働者への貸付金その他のものを控除してはならない	**法令** ・所得税、住民税、社会保険料の控除 **労使の書面協定** ・社宅費、購買代金の控除等
毎月1回以上払い	毎月1回以上支払うことが必要	**臨時に支払われる賃金** ・結婚手当、退職金、賞与等
一定期日払い	一定の期日に支払うことが必要	**命令** ・1か月を超えて支払われる精勤手当、勤続手当等

（注1）　これらの支払方法については、法令上は、労働者の同意を得ることが要件。なお、そのうち、賃金のデジタル払いについては、他の選択肢を用意し、デジタル払いについて説明をした上で、労働者の同意を得ることが必要。

（注2）　退職金については、労働者の同意を条件に、①銀行振出小切手、②銀行支払保証小切手、③郵便為替により支払うことができる。

Section 2-3
給与明細の支給項目

支給項目のそれぞれの意味

　右ページの給与明細書を見ながら説明していこう。基本給や諸手当の内容はそれぞれの会社の取り決めで異なる。3段目に欠勤控除という項目がある。控除という名前がついているのに支給項目に入っているわけは、給与計算処理の実務上の都合を考えてのことで、この形が標準的だ。欠勤控除とは、労働しなかった日や時間分の給与を差し引くということである。給与は労働に対する対価として受け取れるわけだから、当然といえば当然だ。これをノーワーク・ノーペイの原則といい、「働かざるもの食うべからず」ということだ。

　また、課税通勤費と非課税通勤費という項目がある。通勤費とは、文字通り会社までの交通費のことである。通勤費は必ず支給しなければならないわけではなく、通勤費の支給形態は会社により異なっている。定期券を支給する場合もあれば、毎月、一定額を現金で給与と一緒に支給する会社もある。通勤費は、一定限度までは所得税が課税されないという決まりになっている（69ページ参照）。労働に対する報酬というより、実費部分という考え方から非課税とされているのだ。

　これらのいろいろな支給項目を足し合わせたものが、最後の総支給額になっている。

☀支給項目の中身☀

労働基準法では、時間外・休日労働に対して、割増賃金の支払いが義務づけられています。

支給項目は、各社の就業規則・賃金規程等によって決められています。

	基本給	役職手当	家族手当	住宅手当	○○手当	○○手当	○○手当
支給	200,000	20,000	20,000	30,000			
	平日普通残業	平日深夜残業	休日普通残業	休日深夜残業	法定休日残業	法定深夜残業	
	24,266				14,975		
	遅刻早退控除	欠勤控除	非課税通勤費	課税通勤費	課税合計	非課税合計	総支給額
			2,800		309,241	2,800	312,041

働かざるもの食うべからず（ノーワーク・ノーペイの原則）です。

就業規則・給与（賃金）規程等と支給項目

給与の支給項目はそれぞれの会社で自由に取り決めることができ、通常は給与（賃金）規程によって定められています。給与は、労働条件の中でも重要なものであることから、必ず、就業規則というその会社のルールブックに規定しなければならないことになっています。

しかし、会社のルールには、給与以外にも、始業・終業時刻、休憩・休日、休暇などいろいろあり、給与に関する細かい事項も就業規則の中に含めると就業規則自体が分厚くなってしまうことから、別規定として「給与（賃金）規程」を作っている会社が多いのが実情です。

就業規則は、社員等を10人以上使用する会社などでは、作成と届出が義務づけられています。10人未満の会社では義務ではありませんが、作るのが一般的です。

2-4

労働時間と時間外労働

● 労働時間の原則

命令すれば、社員を1日24時間働かせることができるのか？

これは極論だが、労働時間というものは、労働基準法という法律できびしく規制されている。労働基準法では、原則として1日8時間、1週40時間を超えて労働させることはできないとされている。これを法律が規定している労働時間という意味で「法定労働時間」と呼び、会社が取り決める労働時間である「所定労働時間」とは区別している。法定労働時間を超えて働かせた場合は、割増賃金（57ページ参照）を支払う必要がある。

飲食店など一定の業種では、1週40時間ではとても足りないという場合がある。これらの業種は労働時間に関して特例が設けられている。この特例事業は、社員数（パート含む）が10人未満の「商業・映画・演劇業（映画の製作の事業を除く）・保健衛生業・接客娯楽業」で、1週間の法定労働時間が44時間とされている。

● 時間外労働とは

1日8時間では仕事が終わらない場合は、この時間を超えて労働させることもある。いわゆる残業というやつだ。残業をさせる場合はあらかじめ「時間外労働や休日労働に関する協定」を結んでおく必要がある。この協定書のことを「三六（サブロク）協定」と呼んでいる。知らない人が多いが、実はこの協定を結ばないと時間外労働や休日労働をさせることはできないことになっているのだ。

☀三六協定の届出書式☀

(一般条項)

様式第9号（第16条第1項関係）

時間外労働　に関する協定届
休日労働

労働保険番号 □□□□□ □□ □□□□□□ □□□
法人番号 □□□□□□□□□□□□□

事業の種類	事業の名称	事業の所在地（電話番号）	協定の有効期間
書店経営	株式会社 日実商事	（〒 000-0000）東京都文京区本郷3-2-12（電話番号：00-0000-0000）	令和6年4月1日から1年間

時間外労働

	時間外労働をさせる必要のある具体的事由	業務の種類	労働者数（満18歳以上の者）	所定労働時間（1日）（任意）	1日 法定労働時間を超える時間数 / 所定労働時間を超える時間数（任意）	1箇月（①については45時間まで、②については42時間まで）法定労働時間を超える時間数 / 所定労働時間を超える時間数（任意）	1年（①については360時間まで、②については320時間まで）起算日（年月日）令和6年4月1日 法定労働時間を超える時間数 / 所定労働時間を超える時間数（任意）
① 下記②に該当しない労働者	臨時の販売	商品の販売	2	8時間	3時間	45時間	360時間
② 1年単位の変形労働時間制により労働する労働者							

休日労働

休日労働をさせる必要のある具体的事由	業務の種類	労働者数（満18歳以上の者）	所定休日（任意）	労働させることができる法定休日の日数	労働させることができる法定休日における始業及び終業の時刻
臨時の販売	商品の販売	2	土日祝日	1か月に1日	9:00～18:00

上記で定める時間数にかかわらず、時間外労働及び休日労働を合算した時間数は、1箇月について100時間未満でなければならず、かつ2箇月から6箇月までを平均して80時間を超過しないこと。☑（チェックボックスに要チェック）

協定の成立年月日　令和6年 3月 18日

協定の当事者である労働組合（事業場の労働者の過半数で組織する労働組合）の名称又は労働者の過半数を代表する者の　職名 販売員／氏名 山田次郎　挙手

協定の当事者（労働者の過半数を代表する者の場合）の選出方法（　）
上記協定の当事者である労働組合が事業場の全ての労働者の過半数で組織する労働組合である又は上記協定の当事者である労働者の過半数を代表する者が事業場の全ての労働者の過半数を代表する者であること。☑（チェックボックスに要チェック）
上記労働者の過半数を代表する者が、労働基準法第41条第2号に規定する監督又は管理の地位にある者でなく、かつ、同法に規定する協定等をする者を選出することを明らかにして実施される投票、挙手等の方法による手続により選出された者であって使用者の意向に基づき選出されたものでないこと。☑（チェックボックスに要チェック）

令和6年 3月 20日

＿＿＿＿＿＿＿労働基準監督署長殿

使用者　職名 代表取締役／氏名 日実太郎

※「月45時間」「年360時間」など、定められた延長時間数（限度時間という）を超えた三六協定を締結するときは「特別条項」を設ける必要がある。この限度時間を超過する場合も月100時間、2～6か月平均で月80時間を超えてはならず、年間でも720時間以内に限られる。また、限度時間を超えて時間外労働をさせる場合の割増賃金率を定める必要がある。

〔参考〕上記のほか、特別条項についても、様式が定められています。
　また、令和6年4月から時間外労働の上限規制の適用を受けることになった旧：適用猶予事業・業務（8ページ参照）についても、それぞれに対応した内容の三六協定の届出様式が定められています。

ここが大切！ 法律用語
三六（サブロク）協定
時間外労働や休日労働に関する協定のことです。労働基準法の第36条に規定されていることから「サブロク」協定と呼ばれています。

働き方改革関連法により、平成31（2019）年4月から時間外労働の上限規制が導入され、三六協定の様式も、これに対応したものに変更されました。この改正は、中小企業への適用が1年間猶予されていましたが、令和2（2020）年4月からは、企業規模を問わずに適用されています。時間外労働の上限規制にかかる改正の全体像を確認しておきましょう。

＜時間外労働の上限規制の全体像＞

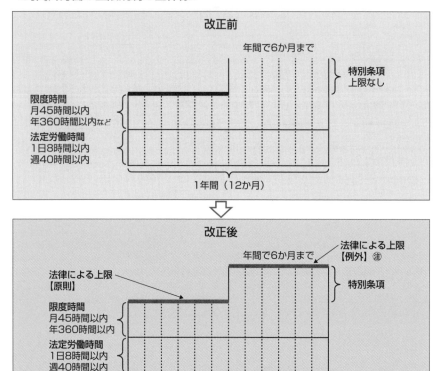

※ **法律による上限【例外】**
　① 時間外労働＋休日労働の時間が**単月で100時間未満**
　② 時間外労働＋休日労働の時間が**複数月（2～6か月）平均で80時間以内**
　③ 時間外労働の時間が**年720時間以内**

　さらに、令和6年4月からは、「旧：適用猶予事業・業務」についても時間外労働の上限規制が適用されることになりました（8ページ参照）。

Section 2-5 休憩時間についての決まり

休憩時間

「うちの会社は昼休みが45分しかないんだけど……」

人間だから何時間もぶっ通しで働けない。心理学のデータでは、人間が集中できる時間は50分が限界だそうだ。ということで、労働基準法には休憩時間に関する規定がある。1日の労働時間が6時間を超える場合には少なくとも45分、8時間を超える場合には少なくとも1時間の休憩時間を与えなければならない。「少なくとも」というのは、最低でもという意味で、1日の実労働時間（手待ち時間を含む）が8時間の会社では45分の休憩時間を与えればよいことになる。なぜなら、8時間を超える場合に1時間以上の休憩時間が必要なのだから、8時間ぴったりの会社はこの規定には該当しないからだ。

休憩時間の付与の原則

「Aさんの休憩時間は12時から1時間、Bさんは1時から1時間」という休憩時間では、職場の同僚と一緒に食事にも行けない。これも労働基準法で、休憩時間に関して次の3つの約束が規定されている。

①**休憩時間は労働時間の途中に与えること**

②**すべての労働者に一斉に与えること**

③**休憩時間は自由に利用させること**

ただし、一定の事業や危険の防止上必要な場合などの理由により、一斉に休憩を与えない労働者の範囲等に関して協定を結んだ場合は、例外措置がとられている。

☀ 一斉休憩が原則 ☀

休憩時間
休憩は作業効率を上げる
意味でも重要な要素

労働時間	休憩時間
6時間まで	与えなくてもよい
6時間を超え8時間まで	少なくとも45分
8時間を超える場合	少なくとも1時間

例外もあります！
一定の事業は一斉休憩の
原則が適用されません。

休憩時間の一斉付与の例外事業

運送、販売、理容、金融保険、映画製作、演劇、郵便、信書便、
電気通信、病院等、保健衛生、旅館等接客娯楽、官公署の事業

ここが大切！ 法律用語

手待ち時間

「資料ができたら入力してもらうからちょっと待ってて」といったような仕事と仕事
の合間の時間。休憩しているようでも拘束されていることから、労働している時間
（実労働時間）とされます。

Section 2-6

休日についての規定

休日の原則

多くの会社が今では週休2日制をとっているが、労働基準法では休日に関して次のように規定している。「使用者は、労働者に対して、毎週少なくとも1回の休日を与えなければならない」

残念ながら、労働基準法という法律では、毎週1回の休日を与えればよいことになっている。週休2日制は、会社としての義務ではないということだ。

ただし、毎週1回といっても月の半ばが忙しい会社などは、その期間、連続して出勤してほしい場合もある。このような場合は、4週間を通して4日の休日を与えればよいことになっていて、これを変形休日制（56ページ参照）と呼んでいる。

法定休日

毎週少なくとも1回の休日（4週4休ではその4日）のことを、法律により与えなければならない休日という意味で「法定休日」と呼んでいる。この法定休日には、日曜日や国民の祝日を当てなくてもよい。週休2日制の会社の残り1日の休日は法律的には「所定休日」と呼び、「法定休日」と区別されている。具体的には、休日労働の割増賃金に関してこの区別が問題になる。後で説明する休日の割増賃金の支払いが必要になるのは「法定休日」に労働させた場合である（57ページ参照）。

振替休日は楽しい?!

● 代休って何？

　「代休をとります」とよくいうが、代休ってなんだろう？　また、「振休」という言葉もあるが、その差は何なのか考えてみよう。

　代休とは、休日労働や長時間の時間外労働、深夜労働を行なった場合に、その代わりに代休日として指定された特定の労働日の労働義務を免除する制度である。簡単にいえば、代休日は働かなくていいということになる。休日の振替（振休）とは、あらかじめ休日と定められた日を労働日とし、その代わりに他の労働日を休日とする制度である。

　代休と休日の振替の違いは、後で手続きする（代休）のか、前に手続きする（休日の振替日の指定）のかという点と、割増賃金の支払いの必要があるのか（下図参照）という点で、給与計算上、重要だ。

☀代休と振替休日の違い☀

	代休	振替休日
意味	休日に労働させ、事後に代わりの休日を与えること。休日労働の事実は変わらず、休日に対する割増賃金の支払いが必要。	あらかじめ定めてある休日を、事前に手続きをして他の労働日と交換すること。休日労働にはならない。
要件	特になし。ただし、制度として行なう場合、就業規則等に具体的な記載が必要（代休を付与する条件、賃金の取扱い等）。	①就業規則等に振替休日の規定をする ②振替日を事前に特定 ③振替日は4週4休の法定休日を確保 ④遅くとも前日の勤務時間終了までに通知
賃金	休日労働の事実は消えないので、休日労働に対する割増賃金の支払いが必要。代休日を有給とするか無給とするかは、就業規則等の規定による。	同一週内で振り替えた場合、通常の賃金の支払いでよい。週をまたがって振り替えた結果、週法定労働時間を超えた場合は、時間外労働に対する割増賃金の支払いが必要。

日	月	火	水	木	金	土

法定休日　　　　　　　　　　　　　代休日

出勤

木曜日を代休にする

日曜日に出勤した分
については、休日の
割増賃金の支払いが
必要になります。

振替休日の場合

日	月	火	水	木	金	土

出勤日　　　　　　　　　　　　　　法定休日

あらかじめ日曜日の休みを金曜日に振り替える

日曜日は休日ではなくなるため、通常の
賃金を支払えばよいことになります。

ここが大切！
法律用語

変形休日制

変形休日制は、業務の都合で必要がある場合に採用すること
ができます。この変形休日制を採用した場合は、就業規則そ
の他これに準ずるものにおいて、4日以上の休日を与えるこ
ととする4週間の起算日を明らかにしなければなりません。
次のような休日の取り決めも可能です。

第1週	第2週	第3週	第4週	第5週	第6週	第7週	第8週
なし	1日	2日	1日	なし	なし	2日	2日
4週4休以上				4週4休以上			

この例では、第3週から第6週までの4週間については、3日しか休日があり
ませんが、特定された4週間については、4週4休を満たしています。

Section 2-7

時間外労働と
休日労働の割増賃金

時間外労働の割増率

　1日8時間を超えて労働させた場合には、労働基準法で通常の労働時間または労働日に対して支払う賃金に加えて一定の割増率に基づいた割増賃金を支払わなければならないことになっている。割増率は、2割5分以上5割以下の率とされており、労働時間が深夜（午後10時から翌朝5時まで）に及ぶ場合には、さらに2割5分以上の率が加算される。したがって、時間外労働が深夜に及んだ場合には、その労働時間に対しては5割以上の割増率に基づいた割増賃金を支払わなければならないことになる。給与明細書で「平日普通残業」「平日深夜残業」と区別されているのは、割増率が異なっているからなのだ。

休日労働の割増率

　休日に労働させた場合には、時間外労働と同じように、一定の割増率に基づいた割増賃金を支払わなければならない。その場合の割増率は3割5分以上5割以下の率となっている。休日労働で深夜に働いた場合はさらに2割5分増しとなるため、合計で6割以上の割増率で計算した割増賃金を支払うことになる。これが、給与明細書に書いてある「法定休日残業」「法定深夜残業」である。ところで、給与明細書には、「休日普通残業」と「休日深夜残業」の項目があった。休日の割増しが必要になるのは労働基準法で定められている1週間に1回の法定休日か、4週4休の法定休日に働いた場合である。つまり、法定休日残業と所定休日残業では割増率が異なってくるのだ。

月60時間を超えた時間外労働の割増率

　1か月に「60時間」を超えて時間外労働をさせた場合は、その超えた時間の労働について、通常の労働時間の賃金の計算額の5割以上の率で計算した割増賃金を支払わなければならない。

時間外労働の法定割増賃金率

時間外労働 ⟶	月60時間超 ⟶
月60時間までの部分…**25%**	月60時間を超える部分…**50%**

（注）一定の中小企業については令和5年3月31日までは、月60時間を超える時間外労働でも法定割増賃金率は25%でよいこととされていた。

月60時間超の割増賃金の支払いに代わる代替休暇

　労使協定を締結すれば、1か月に60時間を超える時間外労働を行なった社員に対して、月60時間を超えたことにより引き上げられる分（25%から50%に引き上げられる、その差の25%分）の割増賃金の支払いに代えて、有給の休暇（代替休暇）を付与することができる。

（注）社員が代替休暇を取得した場合でも、25%分の割増賃金の支払いは必要。

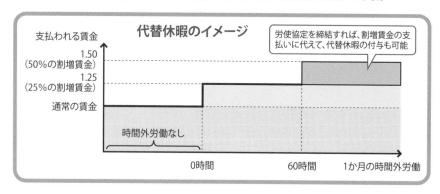

代替休暇のイメージ

☀同じ残業でも区別して考える☀

時間外労働などの割増率

労働時間の種類	割増率
時間外労働	2割5分以上^(※1)
法定休日労働	3割5分以上
深夜労働	2割5分以上
時間外労働＋深夜	5割以上^(※2)
法定休日労働＋深夜	6割以上

※1　1か月について時間外労働が60時間を超えた場合の60時間を超える時間は、5割以上
※2　1か月について時間外労働が60時間を超えた場合の60時間を超える時間は、7割5分以上

例 労働日の時間外割増し（9.00始業、17:00終業、休憩時間1時間、所定労働時間7時間の会社の場合）

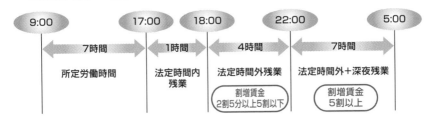

休憩時間を除いた1日8時間の法定労働時間を超えた18:00以降に労働させた場合に割増賃金が必要になります。

例 法定休日労働・法定休日の深夜労働の割増し（休憩1時間）

割増賃金の計算

● 割増賃金の計算基準

　時間外労働や休日労働に対しては、割増賃金の支払いが生じることは前項で述べた。ここでは、実際の計算をどのように行なうかみていこう。割増賃金の計算方法が就業規則や賃金規程に規定されている場合にはその方法によることになるが、規程がない場合は労働基準法の規定により計算することになる。

　給与の支払方法の基準はいくつかあるが（次ページ表参照）、まず、時間給の場合を考えよう。時間給は時間を単位として給与を支払う方法であり、アルバイトやパートタイマーの給与はこの方法をとるケースが多い。アルバイトやパートタイマーでも、法定労働時間を超えたら割増賃金を支払わなければならない。時間給の場合の割増賃金は単純な計算式で、1時間当たりの給与に割増率を掛け合わせればよい。問題は、月給制の場合だ。月給制は月を単位として給与を支払う方法である。1か月の所定労働時間が毎月同じであれば、月給を所定労働時間で除した金額が割増賃金の計算の基礎となる賃金となり、これに割増率を乗じて算出することになる。

　ところが、多くの会社では1か月の所定労働時間は同じではない（62ページ解説参照）。そこで、この場合は1か月の平均所定労働時間を算出し、月給を1か月の平均所定労働時間で除した金額を割増賃金の基礎となる賃金額とする。

　1か月の平均所定労働時間の算出方法は2通りある。

　年間の労働日が決まっている会社では、年間所定労働日数に1日の

所定労働時間を掛け合わせた時間を12で割ることになる（次ページ式❶）。年間の労働日が決まっていない場合は、就業規則に基づく所定休日日数を求め、これを年間の暦日数から差し引いた日数に1日の所定労働時間を掛け合わせた時間を12で割った時間となる（同式❷）。

割増賃金の計算から除外される賃金

実費的なものや人によって異なる諸手当など、割増賃金の基礎となる賃金額の計算に含めると不適当なものについては、割増賃金の計算のベースとなる賃金に含めないことになっている。

除外されるものは、次ページにまとめておいた。

☀給与形態に応じた割増賃金の基礎となる賃金の算出方法☀

	意味	割増賃金の基礎となる賃金
❶ 時間給	給与を時間単位で支払う場合。アルバイト・パートが典型例	その金額
❷ 日給	給与を日額で定めて支払う場合	その金額を1日の所定労働時間(注)で除した金額
❸ 月給 （日給月給制）	給与を月額で定めて支払う場合。日給月給制も同じ	その金額を月における所定労働時間で除した金額（所定労働時間が異なる場合は1年間における1か月の平均所定労働時間で除した金額）
❹ 出来高払い	歩合給のように、販売の実績に応じて支払うようなケース	出来高給の金額を1か月の総労働時間数で除した金額。1か月の総労働時間は、所定労働時間＋時間外・休日労働時間
❺ ❶～❹のミックスの場合	日給＋歩合給のようにミックスして支払う形態	❶から❹のそれぞれで計算した額の合計額

(注)所定労働時間が日によって異なる場合は、1週間における平均所定労働時間を用います。

☀ 平均所定労働時間を計算する意味 ☀

> 多くの会社では1か月の所定労働時間は異なります。
> 1日の所定労働時間が8時間の会社の例でみると…

| 1月 | 2月 | 3月 | 4月 | 5月 | 6月 | 7月 | 8月 | 9月 | 10月 | 11月 | 12月 |

暦日数は31日、冬季休暇3日、所定休日8日
所定労働日数**20**日×**8**時間＝**160**時間

暦日数は30日、所定休日8日
所定労働日数**22**日×**8**時間＝**176**時間

> 1か月の所定労働時間が異なると、毎月の給与は同じなのに割増賃金の基礎となる賃金が異なってくるため、平均所定労働時間で計算するのです。

1か月の平均所定労働時間の計算方法

① 年間の所定労働日数が決まっている場合

$$\frac{\text{年間所定労働日数} \times \text{1日の所定労働時間}}{\text{12か月}}$$

② 年間の所定労働日数が決まっていない場合

$$\frac{(365日 - \text{所定休日日数}) \times \text{1日の所定労働時間}}{\text{12か月}}$$

例 所定休日が毎週土・日曜日(104日)、祝日・国民の休日(16日)、夏季休暇(3日)、冬季休暇(4日)、1日の所定労働時間8時間の場合

$$\frac{\{365 - (104+16+3+4)\} \times 8}{12} = 158.666$$

> 端数を切り捨てるか、小数点以下2位程度まで使用してもかまいません。

● 割増賃金の基礎となる賃金から除外されるもの(ア〜キ)
通勤手当は労働の対価ではなく実費なので、これを割増賃金の基礎に入れると働いていない分を支払うことになり不適当です。また、家族がいる人といない人で単価が異なるのも不公平なので、家族手当も割増賃金の基礎となる賃金には入れません。

ア 家族手当、イ 通勤手当、ウ 別居手当、エ 子女教育手当、オ 住宅手当、
カ 臨時に支払われた賃金、キ 1か月を超える期間ごとに支払われる賃金

割増賃金の端数処理

方法によって支給額が異なってしまう

　細かな話になるが、1時間当たりの割増賃金の計算過程で1円未満の端数が生じてしまうことがある。たかが1円とバカにすると大変なことになる。たとえば、1円違っても50時間の残業だと50円も違うことになり、1年で600円も違ってくる。端数処理の方法には一定の基準が設けられており、通常の1時間当たりの賃金額に円未満の端数が生じた場合は四捨五入できることになっている（次ページ式❶）。また、1時間当たりの割増賃金額に円未満の端数が生じた場合にも、同様に四捨五入できる（同式❷）。

　なお、四捨五入ではなく一律に切り上げてもかまわないことになっており、端数処理をせずに円未満の端数をそのまま計算に用いることもできる。ただし、一律に切り捨てることは労働者に不利になることから、できないと考えられている。

　1時間当たりの割増賃金額に実際の時間外の労働時間を掛け合わせた額が割増賃金額となるわけだが、ここでも端数処理の問題が出てくる。考え方は同じで、四捨五入して処理するか一律に切上げとすることになる。

時間外労働時間そのものの端数処理

　会社によっては、計算上の便宜を考えて時間外労働時間の計算における労働時間の算出にあたって、30分単位とか15分単位にしているところもある。このような場合に端数、たとえばある日の時間外労

☀割増賃金の計算例☀

① 1か月の平均所定労働時間数158.66、月額給与28万円の場合における通常の1時間当たりの賃金額

$$\frac{280,000円}{158.66(時間)} = 1,764.78円 → 1,765円$$

四捨五入

② 1か月の平均所定労働時間数158.66、月額給与28万円の場合における1時間当たりの割増賃金額

$$\frac{280,000円}{158.66(時間)} × 1.25 = 2,205.975円 → 2,206円$$

割増率　　　　　　四捨五入

③ ❷の例で残業時間が20時間45分、残業手当を15分単位で支給する場合

2,206円 × 20.75 = 45,774.5円 → 45,775円

たとえば、残業単価を小数点以下2桁まで活かして計算した場合は

2,205.98円 × 20.75 = 45,774.08円 → 45,774円

となります。

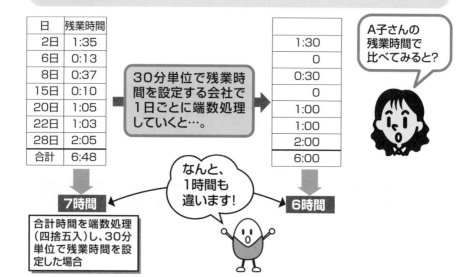

日	残業時間			
2日	1:35		1:30	
6日	0:13		0	
8日	0:37		0:30	
15日	0:10		0	
20日	1:05		1:00	
22日	1:03		1:00	
28日	2:05		2:00	
合計	6:48		6:00	

30分単位で残業時間を設定する会社で1日ごとに端数処理していくと…。

A子さんの残業時間で比べてみると?

7時間

合計時間を端数処理（四捨五入）し、30分単位で残業時間を設定した場合

なんと、1時間も違います!

6時間

働時間が46分だった場合などは、どのように処理されるのかという問題が生じる。時間外の労働時間は1か月の合計時間に対して端数処理を行なわなければならないとされている。1日単位で端数処理していった場合は極端に不利になるケース（前ページのA子さんの例）が出てくるからだ。また、端数処理自体は四捨五入が原則である。

　さて、ここで2つの計算問題で理解度を確認しよう。

計算問題①

Aさんは、時給900円でガソリンスタンドで働いています。勤務態度がいいので会社からリーダー手当を月に2万円支給されています。1か月の平均所定労働時間は160時間です。Aさんが20時間残業（平日普通残業）した場合の残業代はいくらになるでしょうか。

> **Aさん　時給900円、リーダー手当2万円、**
> **1か月の平均所定労働時間は160時間**

① 時給に関しては、そのままの金額が割増賃金の計算の基礎となる賃金になります。

$$900円 \times 1.25 = 1,125円$$

割増率

② リーダー手当は月を単位として支給されていることから、月給と同じように扱います。

$$\frac{20,000円}{160(時間)} \times 1.25 = 156.25円$$

③ 時間給の割増率を掛け合わせた単価とリーダー手当の1時間当たりの額に割増率を掛け合わせた単価を合わせた額が、Aさんの割増賃金の計算の基礎となる単価になります。

$$1,125円 + 156.25円 = 1,281.25円 または端数処理して 1,281円$$

この単価に残業時間を掛けるとAさんの残業代が出ます。

$$1,281円 \times 20(時間) = 25,620円$$

Bさんは、日給1万円で教材販売会社に勤務しています。1日の所定労働時間は8時間、この月はがんばって30時間の普通残業をしました。教材販売による歩合給が3万円支給されます。さて、この2つの給与形態における割増賃金額はいくらになるでしょうか。

> **Bさん** 日給1万円、1日の所定労働時間は8時間、30時間の普通残業、教材販売による歩合給が3万円、1か月の平均所定労働時間は160時間

日給と出来高給（歩合給）の2つの要素をBさんは持っています。

① 日給の場合は、その金額を1日の所定労働時間で割った金額が割増の基礎となる賃金となり、これに割増率を掛け合わせます。

$$\frac{10,000円}{8(時間)} \times 1.25 = 1,562.50円$$

② 歩合給の分に関しては、1か月の平均所定労働時間にその月の時間外労働の分もあわせた時間数で歩合給を割ります。というのは、Bさんはその月に残業時間も含めた成果として歩合が支給されたと考えられるためです。

したがって

$$\frac{30,000円}{160(時間)+30(時間)} \times 0.25 = 39.47円$$

1,562.50円 ＋ 39.47円 ＝ **1,601.97円** または端数処理して

1,602円 が1時間当たりの割増賃金額となります。

これに、残業時間を掛けるとBさんの割増賃金額が出ます。

1,602円 × 30(時間) ＝ 48,060円

Section 2-10

休んだら給与は もらえない？

● ノーワーク・ノーペイの原則

　給与明細には、遅刻早退控除と欠勤控除の欄があった（47ページ図参照）。これは、文字通り、遅刻や早退をして所定労働時間分の労働をしなかった場合や、私用等のため会社を休んだ場合（有給休暇を除く）に給与から差し引かれる金額のことだ。会社で働くことは、労働契約という契約に基づいている。社員は所定労働時間分労働するという義務を負う代わりに、その対価（対償という言い方をする）として給与を受け取る権利が発生する。そこで当然、所定労働時間働かなかった場合は、その分の給与を会社としては支払う必要がなくなる。

● 遅刻早退控除や欠勤控除は会社によってさまざま

　遅刻早退控除や欠勤控除の基準に関しては、労働基準法に規定がない。したがって各社独自の控除規定を作っている。欠勤した場合の控除で一般的なのは、1年間における月平均の所定労働日数分の1とするパターンである。また、欠勤1日につき当該（その）月の所定労働日数分の1を控除するという規定もある。会社によって、控除する給与は基本給をベースとするケースや、欠勤が4日以上となった場合に4日目から控除するというような定めをしているケースもある。

● ペナルティ（減給の制裁）

　減給の制裁とは、職場の規律に違反した労働者に対する制裁として、本来ならば、その労働者が受けるべき給与の中から一定額を差し引く

☀ 減給の制裁の規制 ☀

①
1回の額が
平均賃金の
1日分の半額を
超えてはならない

「1回の額が平均賃金の1日分の半額を超えてはならない」とは、1回の事案に対しては、減給の総額が平均賃金の1日分の半額以内でなければならないという意味。1回の事案について平均賃金の1日分の半額ずつ何日にもわたって減給してよいという意味ではない。

マイナス

1日1万円　　　　　　　　　　減給は5000円まで

②
総額が一賃金支払期の賃金の総額の10分の1を超えてはならない

一賃金支払期に発生した数事案に対する減給の総額が、当該賃金支払期における賃金の総額の10分の1以内でなければならないという意味。

マイナス

月給20万円　　　　　　　　減給は2万円まで

①、②の制限を満たさなければならないため、図の例で1回の事案であれば、減給できる額は5000円までとなります。

ことをいう。労働者に与えられるいわば「罰」なので、働かなかった分を計算して控除するノーワーク・ノーペイとは意味が違うことを理解しておこう。この制裁に関しては労働基準法上の制限がある。就業規則で労働者に対して減給の制裁を定める場合においては、その減給は、①1回の額が平均賃金の1日分の半額を超えてはならず、②総額が一賃金支払期における賃金の総額の10分の1を超えてはならない、とされている。

就業規則中に30分単位で制裁の規定を設け、30分に満たない遅刻・早退の時間を常に切り上げる趣旨の規定をした場合は、減給の制裁として取り扱われるため、労働基準法の規制を受けます。

Section 2-11

通勤費は原則として非課税

非課税扱いになるもの

　通勤費は、会社に通勤するための実費相当部分であることから税金を課さない（非課税扱い）。とはいっても、上限はある。最高限度額は1か月15万円ということになっている。したがって、それを超えた金額に対しては所得税が課税されるため、給与明細上も「課税通勤費」と「非課税通勤費」とに分けているのだ。

　自家用自動車や自転車等で通勤している人の場合は、通勤する距離に応じた非課税限度額が決められている。

　また、会社によっては、通勤費を、3か月または6か月の定期券で支給している。このような場合には、対象月数で割った定期代が最高限度額を超える場合は課税・非課税通勤費に振り分けることになる。

その他の手当で課税・非課税が問題になるもの

　通勤費以外にも非課税扱いされるものがある。残業の際に出された食事代や社宅料などである。

　一定の基準により課税・非課税の取扱いが分かれるので注意が必要だ。

☀課税・非課税の基準☀

通勤費の非課税枠(1か月当たり)

①交通機関または有料道路を利用する人……150,000円まで

②自転車や自動車などで通勤する人
- 通勤距離が片道55km以上……31,600円まで
- 通勤距離が片道45km以上〜55km未満……28,000円まで
- 通勤距離が片道35km以上〜45km未満……24,400円まで
- 通勤距離が片道25km以上〜35km未満……18,700円まで
- 通勤距離が片道15km以上〜25km未満……12,900円まで
- 通勤距離が片道10km以上〜15km未満……7,100円まで
- 通勤距離が片道2km以上〜10km未満……4,200円まで
- 通勤距離が片道2km未満……全額課税

③交通機関を使う人への通勤用定期券……150,000円まで

④交通機関と自転車などの両方を使っている人……150,000円まで

その他の非課税項目

食事代の非課税ルール
「今日は、残業してもらうので会社でお弁当を支給します」というように食事代を会社が出した場合には、一定のルールのもと、非課税扱いされることになっています。

社宅の非課税ルール
社宅に関しては複雑なルールがあります。原則として、一定額を社宅料として徴収しておけば課税されないことになっています。

食事の価額の半分以上を本人負担とし、会社の負担が月額3,500円以下であれば**非課税**

通勤定期券の管理
通勤定期券は、各人ばらばらの時期に購入されると管理だけでも大変な手間になります。一斉に4月と10月に付与するなどルールを決めておくとよいでしょう。また、引っ越した場合や中途入社の人に関するルールも必要になります。

1 協会けんぽ（都道府県単位）の保険料率一覧　（令和6年4月納付分〜）

都道府県	保険料率	都道府県	保険料率
北海道	10.21%	滋賀県	9.89%
青森県	9.49%	京都府	10.13%
岩手県	9.63%	大阪府	10.34%
宮城県	10.01%	兵庫県	10.18%
秋田県	9.85%	奈良県	10.22%
山形県	9.84%	和歌山県	10.00%
福島県	9.59%	鳥取県	9.68%
茨城県	9.66%	島根県	9.92%
栃木県	9.79%	岡山県	10.02%
群馬県	9.81%	広島県	9.95%
埼玉県	9.78%	山口県	10.20%
千葉県	9.77%	徳島県	10.19%
東京都	9.98%	香川県	10.33%
神奈川県	10.02%	愛媛県	10.03%
新潟県	9.35%	高知県	9.89%
富山県	9.62%	福岡県	10.35%
石川県	9.94%	佐賀県	10.42%
福井県	10.07%	長崎県	10.17%
山梨県	9.94%	熊本県	10.30%
長野県	9.55%	大分県	10.25%
岐阜県	9.91%	宮崎県	9.85%
静岡県	9.85%	鹿児島県	10.13%
愛知県	10.02%	沖縄県	9.52%
三重県	9.94%		

2 介護保険料率　（令和6年4月納付分〜）

	保険料率
全国一律	1.60%

健康保険・厚生年金保険料額表

健康保険料率：令和6年3月分〜　適用　　介護保険料率：令和6年3月分〜　適用
厚生年金保険料率：平成29年9月分〜　適用

(単位：円)

標準報酬		報酬月額			保険料（被保険者負担分）		
					協会管掌健康保険（東京都）		厚生年金保険
等級	月額				介護保険 非該当者	介護保険 該当者	一般・坑内員・船員
					49.9/1,000	57.9/1,000	91.5/1,000
		円以上		円未満			
1	58,000		〜	63,000	2,894.2	3,358.2	
2	68,000	63,000	〜	73,000	3,393.2	3,937.2	
3	78,000	73,000	〜	83,000	3,892.2	4,516.2	
4 (1)	88,000	83,000	〜	93,000	4,391.2	5,095.2	8,052.00
5 (2)	98,000	93,000	〜	101,000	4,890.2	5,674.2	8,967.00
6 (3)	104,000	101,000	〜	107,000	5,189.6	6,021.6	9,516.00
7 (4)	110,000	107,000	〜	114,000	5,489.0	6,369.0	10,065.00
8 (5)	118,000	114,000	〜	122,000	5,888.2	6,832.2	10,797.00
9 (6)	126,000	122,000	〜	130,000	6,287.4	7,295.4	11,529.00
10 (7)	134,000	130,000	〜	138,000	6,686.6	7,758.6	12,261.00
11 (8)	142,000	138,000	〜	146,000	7,085.8	8,221.8	12,993.00
12 (9)	150,000	146,000	〜	155,000	7,485.0	8,685.0	13,725.00
13 (10)	160,000	155,000	〜	165,000	7,984.0	9,264.0	14,640.00
14 (11)	170,000	165,000	〜	175,000	8,483.0	9,843.0	15,555.00
15 (12)	180,000	175,000	〜	185,000	8,982.0	10,422.0	16,470.00
16 (13)	190,000	185,000	〜	195,000	9,481.0	11,001.0	17,385.00
17 (14)	200,000	195,000	〜	210,000	9,980.0	11,580.0	18,300.00
18 (15)	220,000	210,000	〜	230,000	10,978.0	12,738.0	20,130.00
19 (16)	240,000	230,000	〜	250,000	11,976.0	13,896.0	21,960.00
20 (17)	260,000	250,000	〜	270,000	12,974.0	15,054.0	23,790.00
21 (18)	280,000	270,000	〜	290,000	13,972.0	16,212.0	25,620.00
22 (19)	300,000	290,000	〜	310,000	14,970.0	17,370.0	27,450.00
23 (20)	320,000	310,000	〜	330,000	15,968.0	18,528.0	29,280.00
24 (21)	340,000	330,000	〜	350,000	16,966.0	19,686.0	31,110.00
25 (22)	360,000	350,000	〜	370,000	17,964.0	20,844.0	32,940.00
26 (23)	380,000	370,000	〜	395,000	18,962.0	22,002.0	34,770.00
27 (24)	410,000	395,000	〜	425,000	20,459.0	23,739.0	37,515.00
28 (25)	440,000	425,000	〜	455,000	21,956.0	25,476.0	40,260.00
29 (26)	470,000	455,000	〜	485,000	23,453.0	27,213.0	43,005.00
30 (27)	500,000	485,000	〜	515,000	24,950.0	28,950.0	45,750.00
31 (28)	530,000	515,000	〜	545,000	26,447.0	30,687.0	48,495.00
32 (29)	560,000	545,000	〜	575,000	27,944.0	32,424.0	51,240.00
33 (30)	590,000	575,000	〜	605,000	29,441.0	34,161.0	53,985.00
34 (31)	620,000	605,000	〜	635,000	30,938.0	35,898.0	56,730.00
35 (32)	650,000	635,000	〜	665,000	32,435.0	37,635.0	59,475.00
36	680,000	665,000	〜	695,000	33,932.0	39,372.0	
37	710,000	695,000	〜	730,000	35,429.0	41,109.0	
38	750,000	730,000	〜	770,000	37,425.0	43,425.0	
39	790,000	770,000	〜	810,000	39,421.0	45,741.0	
40	830,000	810,000	〜	855,000	41,417.0	48,057.0	
41	880,000	855,000	〜	905,000	43,912.0	50,952.0	
42	930,000	905,000	〜	955,000	46,407.0	53,847.0	
43	980,000	955,000	〜	1,005,000	48,902.0	56,742.0	
44	1,030,000	1,005,000	〜	1,055,000	51,397.0	59,637.0	
45	1,090,000	1,055,000	〜	1,115,000	54,391.0	63,111.0	
46	1,150,000	1,115,000	〜	1,175,000	57,385.0	66,585.0	
47	1,210,000	1,175,000	〜	1,235,000	60,379.0	70,059.0	
48	1,270,000	1,235,000	〜	1,295,000	63,373.0	73,533.0	
49	1,330,000	1,295,000	〜	1,355,000	66,367.0	77,007.0	
50	1,390,000	1,355,000	〜		69,361.0	80,481.0	

掲載している協会管掌健康保険料率・保険料額は東京都の数値です。

第 I 編

はじめの一歩！
しごとのしくみとつながりを知ろう

第 3 章

給与から控除されるものの
しくみ

Section 3-1

控除項目に関連する
法律知識

控除項目の確認

　　毎月の給与からは社会保険料や所得税・住民税をはじめとしていろ
いろなものが控除され、手取額は総支給額の8割程度になってしまう。
働いた給与から強制的に控除されるわけだから、控除項目に関しては
法律で厳格に規制されている。

　　給与明細の支給項目の下に控除項目の欄がある。控除項目は法律に
より控除しなければならないもの（法定控除）と、労働者と会社との
取り決め（労使協定）で控除されるものの2つがある。

　　法律に基づいて控除するものには、健康保険・介護保険・厚生年金
保険・雇用保険の社会保険料と所得税・住民税がある。

　　労働者と会社との取り決めによる控除には、財形貯蓄や、生命保険
料、社内預金等がある。これらの控除項目に関しても、いずれも労使
協定で協定した範囲しか控除できない。つまり、給与から会社の都合
で勝手に控除できないということだ。この決まりをきちんと守らない
と法律違反となり、損害賠償ということも十分考えられるので、安易
な控除はしてはならないことを覚えておこう。

ここが大切！法律用語

労使協定

会社と従業員との約束事です。労使協定は会社と従業員の代表との
間で書面を交わして結ばなければなりません。

☀控除項目の中身☀

	健康保険料※	介護保険料	厚生年金保険料	雇用保険料			社会保険料合計	課税対象額
控除	13,972	2,240	25,620	1,872			43,704	265,537
	所得税	住民税		財形貯蓄	生命保険料		控除額合計	差引支給額
	5,450	8,500					57,654	254,387

法定控除項目

控除するためには
労使協定が必要

※平成20年4月より「後期高齢者医療制度」が開始されたことに伴い、「基本保険料」と「特定保険料」の内訳を示して徴収する企業もあります。

法定控除の種類

控除項目	根拠となる法律
健康保険料	健康保険法
介護保険料	介護保険法
厚生年金保険料	厚生年金保険法
雇用保険料	労働保険料の徴収等に関する法律
所得税	所得税法
住民税	地方税法

Section 3-2

社会保険の適用事業所と被保険者

社会保険の適用事業所

　健康保険・介護保険・厚生年金保険の3つの保険を、狭い意味での社会保険という。一定の要件を満たす事業所は、社会保険に強制的に加入しなければならない（強制適用事業所という）。

　株式会社などの法人組織であれば、1人（役員も含む）でも人を雇い入れると強制適用事業所となる。

　個人事業の場合は、雇い入れた人数が5人以上で適用業種に該当すれば強制適用となる。

　強制適用事業所以外の事業所は、厚生労働大臣の認可を受けて社会保険に加入することができる。厚生労働大臣の認可を受けて社会保険の適用を受けている事業所を、任意適用事業所という。任意適用を受けると、社会保険の加入に反対の人も含めて、すべての人が加入しなければならなくなる。

社会保険の被保険者

　原則として社会保険の適用事業所で働く人は、強制的に社会保険の加入者となる。社会保険に加入している人が保険給付の対象となるできごと（事故）にあった場合は、給付を受けることができる。こういった意味でこれらの人を被保険者という。もちろん、被保険者は保険料を支払わなければならない。

☀社会保険の適用事業所と被保険者☀

社会保険では、法人は原則として強制適用です。被保険者とは、社会保険の適用を受けている事業所（個人事業も含まれるのでこのような表現をします）で働く人のことをいいます。被保険者には、保険料の支払義務が生じるとともに、保険給付を受けることができます。

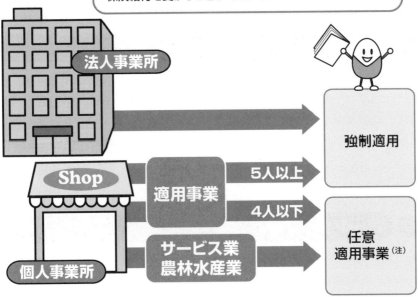

（注）社員の2分の1以上の同意があり、事業主が希望すれば厚生労働大臣の認可を受けて社会保険の適用を受けることができます。

被保険者

健康保険	適用事業所で働く人	75歳未満
厚生年金保険		70歳未満
介護保険		40歳以上65歳未満の医療保険加入者（第2号）

社会保険の適用除外者とパートタイマー

適用除外者

　適用事業所で働いている人でも、就労の形態によっては健康保険や厚生年金保険への加入のしかたが違ってくる（80ページ、適用除外者参照）。例えば、日々雇われる人（日雇いの人）は、年金制度は国民年金、健康保険では日雇特例被保険者という特殊な被保険者制度が適用となる。また、短期で雇用される人等も期間により、適用はされない。

パートタイマー

　正社員に比べて勤務時間等が少ない人（パートタイマーやアルバイト）については、社会保険の適用の基準が別に設けられている。

　1週間の所定労働時間および1か月間の所定労働日数が、正社員と比較して「4分の3以上」である人は社会保険の適用を受ける。

　また、「4分の3未満」であるが、①従業員数101人以上の企業（＊）に勤め、②1週の所定労働時間が20時間以上、③所定の賃金が月8.8万円（年106万円）以上、④学生でない、という要件をすべて満たす人は社会保険の適用を受ける。

　会社員の妻が家計を補助するために働いているような場合、これらの基準に該当しない人は、年収の要件（原則130万円未満）を満たせば、健康保険の被扶養者、国民年金の第3号被保険者になれる。

＊規模要件に該当しない企業で、労使合意の上で適用拡大のための申出をしたものを含む。

あんなに文句いってたのに…。

1 我が社ではパートさんもきちんと社会保険に入ることになっています

いやだわー保険料引かれるなんて損しちゃう

2 ママ！！

3 1か月も働けないなんて困ったわお給料出ないし

だいじょうぶよ

4 健康保険には働けない期間中に、1日当たり「直近1年間の標準報酬月額を平均した30分の1の額の3分の2」に相当する額が支給される傷病手当金があるのよ

ほんと？！入っててよかった！

☀ 一般の被保険者となる人・ならない人 ☀

一般の被保険者とはならない人		一般の被保険者となる人	
国民年金第1号被保険者	健康保険法の日雇特例被保険者	国民年金第2号被保険者	健康保険・厚生年金保険の被保険者

日々雇い入れられる人		常時使用される人 1か月を超えて使用される人
2か月以内の期間を定めて使用される人 (定めた期間を超えて使用されることが見込まれない人に限る)		定めた期間を超えて使用されるようになった場合(それが見込まれる場合を含む)
季節的業務に4か月以内の期間を定めて使用される人		当初から継続して4か月を超えて使用される見込みの人
臨時的事業の事業所に6か月以内の期間を定めて使用される人		当初から継続して6か月を超えて使用される見込みの人

ここが大切! 法律用語

適用除外者

適用事業所で働いていても、他の制度が適用される人や社会保険に加入させても事務手続きが煩雑になったり、実益が得られない人たちは社会保険の一般の被保険者からは除外されます。

☀パート・アルバイトと社会保険の適用☀

（会社員の配偶者が家計を補助するために働いているケース）

労働時間等	社会保険
①　1週間の所定労働時間および1か月間の所定労働日数が、正社員と比べて、「4分の3以上」である人 または 「4分の3未満」であるが、従業員数101人以上（令和6年10月からは51人以上）の企業（注）に勤め、1週の所定労働時間が20時間以上、賃金が月8.8万円以上などの要件を満たす人	本人が健康保険・厚生年金保険の被保険者（保険料は労使折半で負担）
②　上記①以外の人で、年収が原則130万円未満である人	健康保険の被扶養者、国民年金の第3号被保険者（保険料の本人負担なし）
③　上記①②以外の人（年収が原則130万円以上）	健康保険・厚生年金保険の適用なし。国民健康保険と国民年金に加入（保険料は全額本人負担）

（注）規模要件に該当しない企業で、労使合意の上で適用拡大のための申出をしたものを含む。

年齢別の適用関係の整理

健康保険は、働いている限りは75歳まで被保険者となります。75歳以上になると、健康保険の資格は喪失して、後期高齢者医療制度の被保険者となります。

介護保険は、40歳以上65歳未満で働いている人は給与から保険料が控除されますが、65歳以上になると原則として老後の公的年金から自動的に保険料が徴収されるしくみになっています。

厚生年金保険では、70歳未満の人が被保険者となります。

	40歳未満	40歳以上65歳未満	65歳以上70歳未満	70歳以上75歳未満
健康保険	被保険者となる			
介護保険	×	第2号被保険者となる 加入する医療保険制度で一括して保険料を納付	第1号被保険者となる 原則として老後の年金から保険料を天引き	
厚生年金保険	被保険者となる			×

被扶養者とは

健康保険の被扶養者

　健康保険には、被扶養者という制度がある（ただし、後期高齢者医療の被保険者等に該当する者はのぞく）。被扶養者に該当すると、保険料を負担することなく健康保険のサービス（84ページ参照）を受けることができる。

　被扶養者とは、夫がサラリーマンで妻が専業主婦である場合の妻や子供が代表例である。被扶養者に該当する人は、健康保険の保険料を支払う必要がないと同時に、被扶養者である妻は年金制度でも優遇されており、国民年金では第3号被保険者といって保険料を支払う必要がない。このような恩恵を受ける被扶養者の条件は、健康保険法という法律で規定されている。

　被保険者の直系尊属、配偶者、子、孫および兄弟姉妹にあたる人が被扶養者になるには「生計維持関係」、つまり、主として被保険者の収入により生計を維持されていることが必要になる。具体的には、対象者の年収が60歳未満の人であれば130万円未満。60歳以上の人や障害者は年収180万円未満であることが条件となる。さらに、被保険者の年収の2分の1未満であることも必要だ。

　また、生計維持関係があり被保険者と住居および生活をともにしている3親等以内の親族等も被扶養者になることができる。

　なお、令和2年4月施行の改正で、被扶養者の要件として「国内居住要件（例外あり）」（85ページ）が設けられた。

専業主夫って…。

☀被扶養者の受けられるサービス☀

健康保険の被扶養者

被扶養者に該当する人は保険料を負担することなく、健康保険のサービスを受けられます。ただし、被扶養者が、外来によって病院で診察を受けた場合に支払う一部負担金の負担の割合は下表のようになっています。

			一部負担金の割合	
被保険者 （本人）	70歳未満		3割	
	70歳以上75歳未満	一定所得者以上	3割	
		一般	2割	
被扶養者	① ②～③以外の人		3割	
	② 6歳年度末（義務教育就学前）までの子		2割	
	③ 70歳以上75歳未満		2割^(注)	

（注）被保険者が一定以上の収入がある場合は3割負担。

被扶養者の判断基準

生計維持関係と同一世帯という2つの要件を満たした場合に被扶養者となれるケースと、生計維持関係だけで被扶養者と認められるケースがあります。健康保険組合に加入している場合は、被扶養者の認定については組合に裁量権があるため、協会けんぽより認定要件が厳しい場合もあります。

☀具体的な認定基準☀

同一世帯 | **認定対象者が被保険者と同一世帯にある場合**

認定対象者の年収が130万円未満で、かつ被保険者の年収の2分の1未満であれば被扶養者となる（年収が被保険者の2分の1以上であっても、その額が130万円未満で、総合的に被保険者の収入によって生計を維持していると認められる場合には、被扶養者と認定されることがある）。

被保険者の年収	
認定対象者の年収	

この範囲なら被扶養者
（ただし年収額は130万円未満）※　　1/2

別世帯 | **認定対象者が被保険者と同一世帯にない場合**

認定対象者の年収が130万円未満で、かつ被保険者からの援助額（仕送り額等）より少ない場合は、原則として被扶養者と認定される。

仕送り	
認定対象者の年収	

この範囲なら被扶養者
（ただし年収額は130万円未満）※

※60歳以上または障害厚生年金を受けられる程度の障害者の場合は180万円未満
〔参考〕令和5年10月からは臨時的な対応がとられています（10ページ参照）。

☀ 被扶養者の範囲図（３親等の親族図）☀

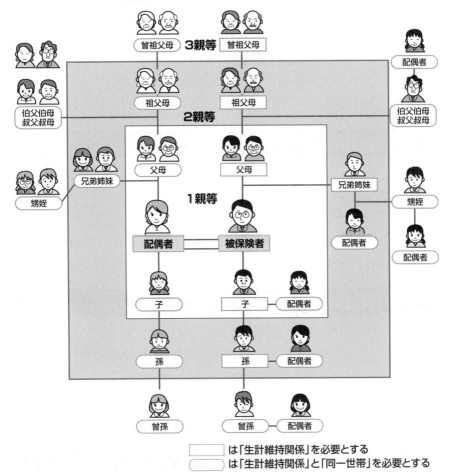

3親等

2親等

1親等

曾祖父母　曾祖父母

祖父母　祖父母

伯父伯母
叔父叔母

父母　父母

兄弟姉妹

甥姪

配偶者　被保険者

兄弟姉妹

配偶者

配偶者

伯父伯母
叔父叔母

甥姪

配偶者

子　子　配偶者

孫　孫　配偶者

曾孫　曾孫　配偶者

```
は「生計維持関係」を必要とする
は「生計維持関係」と「同一世帯」を必要とする
```

（注）配偶者には、いわゆる内縁関係（事実婚関係）にある者も含まれます。
（注）後期高齢者医療の被保険者等は、被扶養者になることはできません。

☀ 被扶養者の国内居住要件 ☀

被扶養者は、原則として、日本国内に住所を有する者に限られます。しかし、例外も設けられており、日本国内に住所がないとしても、外国に一時的に留学をする学生、外国に赴任する被保険者に同行する家族等については、日本国内に生活の基礎があると認められる者として、被扶養者になることが可能とされています。

社会保険料の控除と報酬

社会保険料

　健康保険・介護保険・厚生年金保険の保険料は、いずれも給与（標準報酬月額、90ページ参照）に保険料率を乗じて計算するわけだが、3つ合わせるとなんと給与の15％程度の額にもなってしまう。20万円の給与の人は、社会保険料だけで約3万円となり、この段階で手取額はすでに17万円になってしまう。

健康保険料率

　健康保険は全国健康保険協会が保険者となる「協会管掌健康保険（協会けんぽ）」と健康保険組合が保険者となる「組合健保」の2つがある。協会けんぽの保険料率は、現在、都道府県ごとに異なっている（71ページ参照）。組合健保の保険料率は1000分の30 ～ 130の範囲内で各組合で決定された率となっている。

介護保険料率

　介護保険料は、医療保険に加入している40歳以上65歳未満の社員が負担し、保険料率は協会けんぽで1000分の16.0、組合健保では各組合で取り決めることになっている。

厚生年金保険の保険料率

　厚生年金保険の保険料率は、被保険者の種類によって異なっていたが、現在は同じ1000分の183である。

☀社会保険の保険料率☀

健康保険・介護保険料率
介護保険料は40歳以上の人が対象となるため給与計算でも注意が必要です。

協会管掌健康保険の保険料率		組合管掌健康保険の保険料率	
介護保険非該当者 40歳未満	介護保険該当者 40歳以上 65歳未満	介護保険非該当者 40歳未満	介護保険該当者 40歳以上 65歳未満
99.0/1000※	115.8/1000※ （うち介護保険は16.0/1000）	30/1000～130/1000	左の率に組合ごとに規約で定める介護保険料率を加算

※数値は東京都。都道府県ごとに保険料率が異なる

厚生年金保険の保険料率
平成16年から段階的に引き上げられてきましたが、現在は18.3%で固定されています。

被保険者の種別	率
男性（第1種被保険者）・女性（第2種被保険者）	183/1000※
坑内員・船員（第3種被保険者）	

※　公務員の人は、以前加入していた共済年金制度によって、経過措置がある。

雇用保険の保険料率

雇用保険の保険料率は、業種によって、1000分の15.5から1000分の18.5となっており、健康保険や厚生年金保険と異なり、毎月支払う賃金に応じて社員が負担する保険料率を乗じた額となっている（詳しくは142ページ参照）。

雇用保険の保険料率は業種によって異なります。

業種	雇用保険率
一般	15.5/1000
農林水産·清酒製造	17.5/1000
建設	18.5/1000

何が報酬にあたるのか

社会保険関係では給与のことを報酬という。平成15年から施行された総報酬制においては、報酬と賞与のそれぞれに課される保険料率は同じであるが、上限下限については異なる取り扱いがなされている。報酬に該当するかどうかで特に問題になるのは、ボーナス（賞与）である。支払回数が年間3回以下であれば賞与に該当し（総報酬制の下では、標準賞与額におきかえて保険料が徴収される）、年間4回以上であれば、報酬に含められる。

また、現物で支給されるものでは通勤定期券がある。例えば3か月定期であれば、定期代を3で除した額を月々の報酬に含めることになる。

☀「報酬」の範囲 ☀

報酬に含まれるもの
社会保険関係では給与のことを報酬といいます。報酬に該当すれば保険料の対象となります。特に問題になるのがボーナス（賞与）と現物支給されるものです。

		報酬に該当するもの	報酬に該当しないもの
金銭によるもの		基本給（月給、週給、日給等）、 役付手当、残業手当、精・皆勤手当、家族手当、通勤手当、宿日直手当、住宅手当、支払回数が年4回以上の賞与・決算手当など	臨時に受けるもの（たとえば大入袋）、出張旅費、業務上の交際費、慶弔費、支給回数が年3回以下の賞与・決算手当など
現物によるもの		通勤定期券、自社製品、被服（勤務服でないもの）	制服・作業衣

ボーナスについて
年3回以下のボーナスは報酬に含めませんが、個別に社会保険料の対象となります。
年4回以上ボーナスが支給された場合は、その平均額を報酬額に加え保険料の対象とします。

ここが大切！
法律用語

現物給与

食事や住宅など現物で給与を支給している場合は、都道府県ごとに決められた額に換算し、本人負担額が一定基準に満たないときは、その差額を現物給与として報酬に加えます。

保険料の算定基準となる標準報酬月額

標準報酬月額とは

社会保険の保険料や保険給付額の計算にあたっては、事務処理を簡単にするために、あらかじめ一定の幅（等級）で区切った仮の報酬としての標準報酬月額を設定し、この標準報酬月額に保険料率を乗じて得た額を保険料として徴収する（72ページの保険料額表参照）。

標準報酬月額は各社員の給与（報酬、88ページ参照）に基づいて決定し、それを一定期間使用することによって毎月の保険料の徴収事務を簡略化している。

標準報酬月額の決定方法とその有効期間

標準報酬月額の決定方法は、①資格取得時決定、②定時決定、③随時改定、④育児休業終了時の改定、⑤産前産後休業終了時の改定の5つがある。

①資格取得時決定

被保険者の資格を取得した時、つまり入社時に今後受け取る給与の額により標準報酬月額を決定する。ここで決まった標準報酬月額は、資格取得日（入社日）が1月1日～5月31日の場合はその年の8月まで、6月1日～12月31日のときは翌年の8月まで適用される。

②定時決定

毎年7月1日に在籍している被保険者について4月、5月、6月に支払った給与総額を3で除した金額に基づいて標準報酬月額を決定する。一部の例外を除き、被保険者全員が標準報酬の見直しを一度にするの

☀標準報酬月額の決定手続きと有効期間☀

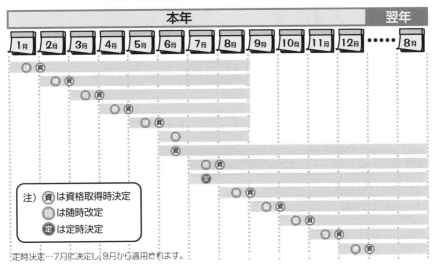

注）⑤は資格取得時決定
　　⑥は随時改定
　　⑤は定時決定

定時決定…7月に決定し、9月から適用されます。

で、この手続きが年間の社会保険事務のうちでも中核をなすものといえるだろう。これにより決定された標準報酬月額は、随時改定が行なわれない限り、その年の9月から翌年の8月まで適用される。

③随時改定

　昇降給や賃金体系の変動などによって従前の標準報酬月額と2等級以上の差が生じた場合に、4か月目から標準報酬月額を改定する。改定した標準報酬月額は、改定月が1月〜6月である場合はその年の8月まで、7月〜12月のときは翌年の8月まで適用される。

④育児休業終了時の改定

　育児休業終了時に、3歳に満たない子を養育する社員の報酬が短時間勤務等により下がった場合、被保険者からの申出により、随時改定に該当しなくても標準報酬月額が改定される。

⑤産前産後休業終了時の改定

　産前産後休業終了時に育児等を理由に社員の報酬が低下した場合、被保険者からの申出により、随時改定に該当しなくても標準報酬月額が改定される。

Section 3-7

所得税の控除

源泉徴収制度

　給与を支払う会社は、給与や賞与を支給するたびに社員の給与等から一定額の税金を控除し、納付する。これを源泉徴収制度という。

　所得にかかる所得税は、1年間（1月〜12月）に受けた所得に対して課税されることは既に述べた。毎月の給与から控除する所得税は、おおよそこの給与の人なら年間の所得税額がこうなるだろうという見込額をもとに復興特別所得税を加えて控除することになる。具体的には、税務署が交付する「源泉徴収税額表」によって算出する。

源泉所得税額の計算と納付の流れ

　源泉所得税の計算にあたっては、給与の支給総額から非課税通勤手当と社会保険料をマイナスしたものを課税対象額とする。そして、この額を「源泉徴収税額表」にあてはめ、税額を算出する。

　「源泉徴収税額表」には、日額表や月額表などの区分のほか、甲欄と乙欄があり、さらに、扶養親族等の数によって税額が変わってくる。この使用区分を決めるのに重要となる書類が「扶養控除等（異動）申告書」である。

　源泉徴収した所得税は、給与等を支払った月の翌月10日までに納付することになる。また、納付の事務手続きが煩雑なため、給与の支払いを受ける人が常時10人未満の小規模事業所では、税務署にあらかじめ届出をしておくと、年2回にまとめて支払える「納期の特例」の適用を受けることができる。

☀源泉徴収事務の流れ☀

月々（日々）の給与や賞与を支払う際に行なう源泉徴収事務

事務の内容	使用する税額表や申告書等
1 源泉控除対象配偶者、扶養親族などの内容の確認	「給与所得者の扶養控除等（異動）申告書」
2 給与や賞与に対する源泉徴収税額の計算	「給与所得の源泉徴収税額表」（月額表、日額表、賞与に対する源泉徴収税額の算出率の表）
3 源泉徴収税額の徴収とその記録	「給与所得に対する所得税源泉徴収簿」
4 源泉徴収税額の納付	「給与所得・退職所得等の所得税徴収高計算書（納付書）」

その年の最後の給与を支払う際に行なう源泉徴収事務

事務の内容	使用する税額表や申告書等
5 生命保険料控除、地震保険料控除、配偶者控除、配偶者特別控除、住宅借入金等特別控除などの諸控除額の確認	「給与所得者の保険料控除申告書」、「給与所得者の基礎控除申告書兼給与所得者の配偶者控除等申告書兼所得金額調整控除申告書」、「給与所得者の住宅借入金等特別控除申告書」
6 年末調整による過不足税額の精算と納付	「年末調整のための算出所得税額の速算表」、「年末調整等のための給与所得控除後の給与等の金額の表」、「給与所得に対する所得税源泉徴収簿」、「給与所得・退職所得等の所得税徴収高計算書（納付書）」
7 源泉徴収票の本人交付と税務署への提出	「給与所得の源泉徴収票」

住民税の控除

住民税は前年の所得が基準

　住民税は、市町村民税（特別区民税含む）と道府県民税（都民税含む）の総称で、それぞれ市区町村と都道府県に対して納付する税金である。

　住民税は、前年の所得に対して課税・徴収される点で所得税と異なっている。会社は、原則として社員の給与から住民税を徴収して納付する。これを特別徴収という。

住民税の徴収と納付の流れ

①給与支払報告書の提出

　年間の所得は、会社が市区町村に提出する「給与支払報告書」によって把握される。給与支払報告書は、毎年1月31日までに社員の1月1日現在の住所地（住民票登録地）の市区町村役場（所）に前年の給与支払総額を記入して提出することになる。

②特別徴収税額通知書

　①に基づいて計算された個人の住民税額は、毎年5月31日までに会社あてに送られてくる。これを特別徴収税額通知書という。

③給与からの控除

　②の通知書に記載されている住民税額を、毎年6月から翌年の5月まで給与から控除する。住民税は年税額が12等分されており、端数は最初の月（6月）に支払うしくみになっている。通知書どおりに控除・納付していかなくてはならない。

☀住民税が徴収されるしくみ☀

住民税は市町村民税と道府県民税の総称です。住民税の
所得割の税額計算の基礎となる所得金額は、前年の所得
金額の合計です。したがって、住民税は約1年遅れで納
める形をとっているのです。

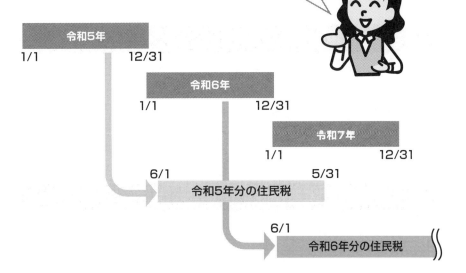

※ここでは、恒常的に適用される規定を説明しています。令和6年においては、実際には、
定額減税の影響があります（12ページ参照）。

特別徴収	毎年6月から翌年5月まで、12回に分けて、会社が毎月の給料の支払いの際に給与から差し引いて市区町村に納入する方法
普通徴収	6月、8月、10月、翌年1月の年4回（市区町村によって異なる）に分けて、市区町村に自分で直接納付する方法

④住民税の納付

　徴収した住民税額は、翌月10日までに納付しなければならない。
所得税と同じように、常時10人未満の小規模事業所は12月10日ま
でと6月10日までの2回で納める納期の特例制度がある。

Section 3-9

その他の控除

全額払いの原則

給与は、その全額を支払わなければならないという労働基準法の原則がある。つまり、働いた分はすべて支払いなさいということだ。控除できるものは、法律に規定がある場合（法定控除）か、労使協定による場合の2つである。法定控除については既に述べた。ここでは、労使協定による控除について見てみよう。

労使協定による控除

法定控除以外のものは、労使協定によってはじめて控除することができることになっている。

つまり、社員（従業員）の意見を聞いて納得した上で控除するという民主的なルールである。労使協定は社員の代表と結ぶことになるわけだが、代表の選出のしかたには一定のルールがある。

①従業員の過半数で組織する労働組合があるときは、その労働組合

②従業員の過半数で組織する労働組合がないときは、従業員の過半数を代表する者

労使協定は書面で行なわなければならないことになっており、協定書には、控除の対象となる具体的な項目および控除を行なう給与の支払日について記載しなければならない（労働基準監督署への届出は必要なし）。

☀賃金の控除に関する労使協定書☀

賃金の一部控除に関する協定書

株式会社日実商事代表取締役日実太郎と労働者代表山田次郎とは、労働基準法第24条第1項に基づき、賃金の一部控除に関し、下記のとおり協定する。

記

第1条　会社は毎月の賃金の支払いの際、次の各号に掲げるものを控除する。

- (1)　食事代
- (2)　社宅
- (3)　各種貸付金の月返済金

第2条　第1条の（3）については、賞与支払いの際にも、控除することができる。

第3条　第1条に掲げるもののうち、従業員が退職の際未払いのものについては、退職金から控除することができる。

第4条　この協定は、協定の日から3年間有効とする。ただし、有効期間満了後も当事者のいずれかが90日前に文書により破棄の通告をしない限り効力を有するものとする。

令和6年4月1日

株式会社日実商事　代表取締役　日実太郎 ㊞

労働者代表　山田次郎 ㊞

労使協定における従業員代表

労使協定の従業員代表の選出のしかたにはルールがあります。

①従業員の過半数で組織する労働組合があるときは、その労働組合

②従業員の過半数で組織する労働組合がないときは、従業員の過半数を代表する者

所得税と健康保険の「扶養」の違いは？

「扶養」とは、自分の力で生活することが難しい家族などと生活をともにし、養うことです。所得税と健康保険では、この扶養の考え方が採用されており、扶養する家族などがいると税金が安くなったり、家族分の保険料が免除されたりするしくみがあります。

ただし、所得税と健康保険では扶養対象となる条件が異なるので注意が必要です。下図で比較整理しておきましょう。

●扶養対象となる条件など

	健康保険（協会けんぽの場合）	所得税
呼び方	被扶養者	源泉控除対象配偶者 控除対象扶養親族
給与からの控除額	変わらない	安くなる
親族の範囲	3親等内の親族	6親等内の血族および3親等内の姻族
同居の有無	親族の範囲によっては同居が必要	原則同居が必要※1
年齢	75歳未満	16歳以上
内縁関係の者	対象となる	対象とならない
年間収入	130万円未満 60歳以上または障がい者※2は180万円未満（通勤手当、雇用保険給付、健康保険給付等含む） かつ 同居：収入が被保険者の半分未満 別居：収入が被保険者の仕送り額未満	150万円以下 （通勤手当除く）

※1　学生を扶養している場合など、生計を一にしている場合は、同居していなくても可
※2　障がい者……障害厚生年金を受けられる程度の人

「妻を扶養に入れたら、税金や社会保険料の額は変わりますか？」という質問を受けることがあります。実は、所得税と健康保険では、扶養は意味合いが異なります。

扶養に入る人（たとえば妻）のことを所得税では「源泉控除対象配偶者」「控除対象扶養親族」と呼びます。「控除対象」とつくのは、"所得控除の対象になる"ことを意味しています。所得控除が増えれば、所得税は安くなります。

一方、健康保険では扶養に入る人のことを「被扶養者」と呼びます。給与から控除される健康保険料は夫（被保険者）の標準報酬月額で決められており、妻を扶養に入れたからといって健康保険料が安くなることはありません。

第 **I** 編

はじめの一歩！
しごとのしくみとつながりを知ろう

第 **4** 章

休日と労働時間の実務知識

勤怠項目の中身は？

勤怠項目の確認

　勤怠とは、『広辞苑』によると「勤めることと怠けること」という意味。つまり、会社に出勤した日数やずる休みしたデータがここに現れることになる。

　典型的な給与明細書を例にとって見てみよう。まず、その月の「要出勤日数」の記載欄がある。これは、労働契約に基づいて働かなければならない日数のことである。

　「欠勤日数」の欄は、本来は労働すべき日なのに働かなかった日で、ノーワーク・ノーペイの原則により、この日数により控除が行なわれたりする。

　「休日出勤日数」は、休日労働の割増計算に必要なデータである。「年休（年次有給休暇）」は、この後で説明する労働者に認められた権利で、次ページは年次有給休暇の取得日数と残日数を管理するタイプのフォームである。

　「労働時間」は、要出勤日数において働いた労働時間の合計である。

　残業（時間外勤務）時間は、「平日普通」、「平日深夜」、「休日普通」、「休日深夜」……と細分化して表示してあると、それぞれに対応する時間外手当の支給の計算に便利になる。

　「遅刻他時間」は、所定の労働時間に遅れてきたり、早退した時間である。会社のルールにより控除される。

勤怠情報の収集がカギ

　現在では、給与計算は専用のソフトを使って処理するケースがほとんどである。毎月の給与計算のポイントは、勤怠情報をいかに効率的に収集できるかにかかっているといっても過言ではない。

☀勤怠情報を記載した給与明細書のフォーム☀

	基本給	役職手当	家族手当	住宅手当	○○手当	○○手当	○○手当
支給	200,000	20,000	20,000	30,000			
	平日普通残業	平日深夜残業	休日普通残業	休日深夜残業	法定休日残業	法定深夜残業	
	24,266				14,975		
	遅刻早退控除	欠勤控除	非課税通勤費	課税通勤費	課税合計	非課税合計	総支給額
			2,800		309,241	2,800	312,041

	健康保険料	介護保険料	厚生年金保険料	雇用保険料		社会保険料合計	課税対象額
控除	13,972	2,240	25,620	1,872		43,704	265,537
	所得税	住民税		財形貯蓄	生命保険料	控除額合計	差引支給額
	5,450	8,500				57,654	254,387

	要出勤日数	出勤日数	欠勤日数	労働時間	休日出勤日数	年休	年休残日数
勤怠	24	24		168：00	1		10
	平日普通残業	平日深夜残業	休日普通残業	休日深夜残業	法定休日残業	法定深夜残業	遅刻他時間
	14：00				8：00		

Section 4-2

年次有給休暇のしくみ

年次有給休暇は社員の権利

年次有給休暇（有休や年休と略することもある）は、労働基準法という法律に規定されており、一定の条件を満たせば、労働者の権利として当然発生するものだ。会社によっては法律の規定よりも多い年次有給休暇を規定しているところもあるが、最低でも法律通りに与えなければならない。実際には法律通りに与えているのが一般的だ。

6か月間継続して勤務し、その間の出勤率が8割以上である人に10日の休暇をとる権利が発生する。その後、勤続年数に応じて増えていく。ただし、前年の出勤率が低い場合（8割未満）は発生しない（右下図参照）。また、年次有給休暇の消滅時効（使わなければなくなるということ）は2年とされており、前年に使わなかった有給休暇は繰り越せる。

なお、労使協定を締結すれば、5日を限度として時間単位で年次有給休暇を取得可能となり、年休を日単位で取るか、時間単位で取るかは労働者が自由に選択できる。

会社側には時季変更権がある

働く人は、年次有給休暇を自由に使ってよいことになっている。ただし、業務の繁忙な時季に年次有給休暇を与えることが「事業の正常な運営を妨げる場合」には、会社側は「その日は忙しいから別の日にしてくれ」という、時季を変更する権利がある。

☀年次有給休暇をめぐる規定☀

年次有給休暇の発生要件

その1　6か月以上継続勤務していること

- ○ 休職とされていた者が復職した場合も継続勤務とされます。
- ○ パートから正社員になったような場合も継続勤務とされます。

その2　8割以上の出勤率

$$\frac{出勤日（「出勤したものとみなされる日」参照）}{全労働日（「全労働日に含まない日」参照）} \geq 80\%$$

会社

出勤したものとみなされる日	全労働日に含まない日
ア　業務上負傷し、または疾病にかかり療養のために休業した期間	ア　所定の休日に労働させた場合のその日
イ　産前産後の女性が労働基準法65条の規定により休業した期間	イ　不可抗力による休業日
ウ　育児休業・介護休業法による育児休業または介護休業をした期間	ウ　使用者側に起因する経営、管理上の障害による休業日
エ　年次有給休暇を取得した日	エ　正当な同盟罷業（ストライキ）その他正当な争議行為により労務の提供がまったくなされなかった日
オ　労働者が使用者から正当な理由なく就労を拒まれたことによる不就労日	オ　代替休暇を取得して終日出勤しなかった日

勤続年数に応じて付与日数は増えていきます。

勤続年数	6か月	1年6か月	2年6か月	3年6か月	4年6か月	5年6か月	6年6か月
付与日数	10日	11日	12日	14日	16日	18日	20日

8割以上の出勤率を満たせなかった場合の
年次有給休暇の日数は、次のようになります。

継続勤務期間	雇入れ～6か月	6か月～1年6か月	1年6か月～2年6か月	2年6か月～3年6か月
出勤率	9割 ○	7割 ×	8割 ○	8割 ○
付与日数	➡	10日	0	➡ 12日 (注)

(注) 前年の有給休暇付与がない場合でも勤務期間は継続しているため、付与日数は11日ではなく12日となります。

パート・アルバイトの
年次有給休暇

パート・アルバイトにも年次有給休暇がある

　正社員として会社に勤めている人だけに年次有給休暇は与えられるのではない。実は、パート・アルバイトにも年次有給休暇は権利として認められている。

　年次有給休暇は、6か月以上継続勤務し全労働日の8割以上出勤した場合、法律上当然にその権利が発生することになっている。つまり、週3日出社のアルバイトでも、6か月間勤務してその間の出勤率が8割以上である場合には、やはり当然の権利として年次有給休暇が発生する。

　何日の年次有給休暇となるのかは、出勤日数等によって異なる。1週5日以上または週30時間以上働く場合は、正社員の人と同じ休暇日数が発生する。例えば、1日4時間で週5日働くようなパートの人も正社員と同じ年次有給休暇日数となるということだ。週30時間未満で1週4日以下または年間216日以下の場合は、正社員の人と比較した出勤日数に応じて発生することになっているため「比例付与」（右表参照）と呼ばれている。

☀年次有給休暇の比例付与とは☀

パートタイマーやアルバイトの年次有給休暇の付与日数

週の労働時間が30時間未満であって、かつ

a 週の所定労働日数が4日以下であるか

または

b 週以外の期間で所定労働日数が定められている場合は、年間の所定労働日数が216日以下の者

実際の付与日数は、次の計算式により計算されます。

$$\text{通常の労働者の有給休暇日数} \times \frac{\text{比例付与対象者の週所定労働日数}}{\text{通常の労働者の週所定労働日数（5.2日）}}$$

計算の結果、1日未満の端数が生じた場合は切り捨てることとされています。

つまり、社員の人に与えられる年次有給休暇の日数を基準として出勤日数の割合に応じて計算されることから、比例付与と呼ばれています。

比例付与される年次有給休暇日数

週所定労働日数	1年間の所定労働日数	雇入れの日から起算した継続勤務期間						
		6か月	1年6か月	2年6か月	3年6か月	4年6か月	5年6か月	6年6か月以上
4日	169日から216日まで	7日	8日	9日	10日	12日	13日	15日
3日	121日から168日まで	5日	6日	6日	8日	9日	10日	11日
2日	73日から120日まで	3日	4日	4日	5日	6日	6日	7日
1日	48日から72日まで	1日	2日	2日	2日	3日	3日	3日

その他の年次有給休暇の取扱い

年次有給休暇期間中の賃金

「有給休暇」という名前がついているように、当然、会社はこの期間については給与を支払わなければならない。

給与の額については、労働基準法という法律で、①平均賃金、②所定労働時間労働した場合に支払われる通常の賃金、③健康保険法による標準報酬月額の30分の1に相当する金額、の3種類の方法が規定されている※。一般的には、②が使われることが多い。

※時間単位年休を取得した場合、①〜③の金額をその日の所定労働時間数で割る

計画的付与

日本人はなかなか会社を休まないといわれるが、年次有給休暇を計画的に消化させようとするしくみが「計画的付与」というものだ。

労使の書面協定により、5日を超える部分についてあらかじめ休みの日を指定する。たとえば、年次有給休暇の付与日数が10日である者については5日、15日である者については10日まで計画的付与の対象とすることができるというしくみだ。ただし、入社したばかりでまだ有給休暇を付与されていない人や、すでに有給休暇を使い切った人の取扱いについては注意が必要だ。

時季指定義務

年次有給休暇の取得を促進するため、平成31（2019）年4月1日より、使用者は、10日以上の年次有給休暇が付与される労働者に

対し、そのうちの5日について、毎年、時季を指定して与えなければ
ならないこととする規定が設けられている。

　ただし、労働者の時季指定や計画的付与により取得された年次有給
休暇の日数分については指定の必要はない。

●　年次有給休暇の管理

　6か月継続勤務し、8割以上の出勤率を満たすと年次有給休暇の権
利が発生するため、社員数が多い会社では、その管理が大変重要な問
題となる。4月に入社した人は10月から1年間を対象として有給休
暇が付与され、5月に入社した人は11月から付与されるというよう
になると、非常にやっかいだ。そこで、有給休暇の管理を単純化する
ために、基準日を設け一斉に付与する「斉一的取扱い」をする会社が
多い（次ページ図参照）。

　なお、平成31（2019）年4月施行の改正により、会社は、年次
有給休暇を取得した時季、日数および基準日を社員ごとに明らかにし
た書類（年次有給休暇管理簿）を作成し、3年間保存しなければなら
ないこととされている。

☀ 年次有給休暇の期間中の賃金 ☀

平均賃金	いずれを選択するか就業規則等で規定する
所定労働時間労働した場合に支払われる通常の賃金	
健康保険法による標準報酬月額の30分の1に相当する金額（労使協定の締結が必要）	

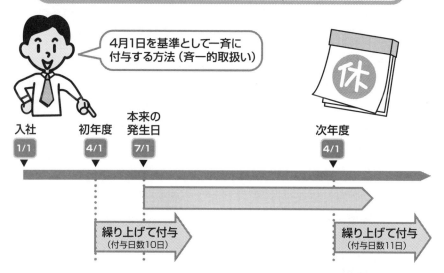

4月1日を基準として一斉に付与する方法（斉一的取扱い）

入社 1/1　初年度 4/1　本来の発生日 7/1　次年度 4/1

繰り上げて付与（付与日数10日）　繰り上げて付与（付与日数11日）

1月1日入社の人が年次有給休暇を取得するのは7月1日ですが、事務手続きの煩雑さを避けるため、4月1日を基準日としてすべての社員に年次有給休暇を与えるという方法です。

Section 4-5

女性の保護を目的とする その他の休暇

● 産前産後休業

　母体保護の観点から、必要な産前産後の休業期間が定められている。6週間（多胎妊娠の場合にあっては、14週間）以内に出産する予定の女性が休業を請求した場合においては、就業させてはならず、産後については、女性からの請求の有無にかかわらず、出産日の翌日から8週間の就業が禁止される。ただし、産後6週間を経過し、医師が支障がないと認めた場合に限って女性の請求によって就業させることができる。また、妊産婦については、労働時間に関しても制限がある。

　妊産婦から、労働できない旨の請求があった場合は、変形労働時間制（111ページ参照）をとっている場合であっても1週40時間、1日8時間を超えて労働させることはできない。さらに、三六協定を結んでいても、時間外労働や深夜労働および休日労働が禁止されている。

☀ 産前産後の就業制限 ☀

産前 （6週間、多胎妊娠の場合は14週間）	産後（8週間）	
	6週間	2週間
①休むには請求が要件 ②出産当日は産前に含む ③請求があればほかの軽易な業務に転換させなければならない	休むための請求は不要 （強制的に休み）	次の2つの条件を満たせば就業可能 a 産婦の請求により b 医師が支障なしと認めた場合

生理休暇と育児時間

労働基準法では、さらに女性に関するいろいろな規制がある。まず、生理日の就業が著しく困難な女性が休暇を請求したときは、就業させてはならないとされている（半日または時間単位でもよい）。

生後満1年に達しない子供を育てる女性は、通常の休憩時間のほかに、1日2回おのおの少なくとも30分、その子供を育てるための時間（育児時間）を請求することができる。

生理休暇を取得した日や育児時間について有給とするか無給とするかは、会社の就業規則等で自由に取り決めることができる。

育児休業、介護休業

育児休業は、育児・介護休業法という法律で、1歳未満の子供を養育するために働く人の権利として認められており、子供が1歳（両親ともに育児休業を取得して一定の要件を満たした場合は1歳2か月。保育所に入所できないなど一定の場合には最長で2歳）になるまで休業することができる。この育児休業の期間については、休業前の給与の50％（休業開始後6か月については67％）相当額が雇用保険から「育児休業給付金」として支給される。

なお、令和4年10月からは、子の出生後8週間以内に4週間まで取得することができる柔軟な育児休業の枠組みとして、「出生時育児休業」（いわゆる産後パパ育休）が創設されたが、この休業の期間についても、雇用保険から「出生時育児休業給付金」（給付率67％）が支給される。

介護休業は、家族などに介護が必要な人が出た場合に、家族1人について通算して93日までの介護休業をとれるというものだ。その間に、3回までの分割取得が認められる。この介護休業の期間についても、休業前の給与の67％相当額が雇用保険から「介護休業給付金」として支給される。育児休業、介護休業ともに労働者の権利として法律で認められている。

変形労働時間制

1日8時間、1週40時間という法定労働時間を超えて労働させた場合は、割増賃金を支払わなければならない。時季や時間帯によって繁閑の差が激しい仕事の場合、固定された労働時間制ではかえってムダが生じることもある。また、会社の経営にとっては、なるべく割増賃金は少なくしたいところである。そこで、その妥協点として設けられたのが、変形労働時間制という制度だ。

4つの変形労働時間制

労働基準法では、4つの制度が設けられている。

1か月単位の変形労働時間制……1か月以内の期間を単位として、その期間内を平均すると1週間の法定労働時間を超えない範囲に収まっていればよいという制度。

フレックスタイム制……一定の期間（清算期間）の総労働時間を定め、その範囲内（1週間の法定労働時間を超えないこと）で各日の始業および終業の時刻を労働者が選択して働ける制度。

1年単位の変形労働時間制……季節等によって業務の繁閑に差がある会社では、1か月を超え1年以内の期間を単位として、その期間内を平均すると、1週間当たりの労働時間が40時間を超えない範囲に収まっていればよいという制度。

1週間単位の非定型的変形労働時間制……業務の繁閑が定型的でない場合に、1週間を単位とした一定範囲内で、1週間の労働時間を40時間以内と定めたうえで、1日の労働時間を10時間まで延長することを認める制度。

☀ 4つの変形労働時間制 ☀

	1か月単位の変形労働時間制	フレックスタイム制	1年単位の変形労働時間制	1週間単位の非定型的変形労働時間制
変形の内容	1か月以内の一定期間を平均し、1週間の労働時間の平均が法定労働時間を超えなければ、特定の週や日に法定労働時間を超えて労働させることができる	清算期間（3か月以内）を平均し、1週間の労働時間の平均が法定労働時間（清算期間が1か月を超える場合は40時間）を超えなければ、特定の週や日に法定労働時間を超えて労働させることができる	1か月超1年以内の一定期間を平均し、1週間の労働時間の平均が40時間を超えなければ、特定の週や日に法定労働時間を超えて労働させることができる	1週間の労働時間を40時間以内と定めれば、1日10時間まで労働させることができる
採用するための手続き	就業規則等または労使協定（＋就業規則等）	就業規則等＋労使協定	労使協定（＋就業規則等）	労使協定（＋就業規則等）
就業規則等で特に定める内容	変形期間における各日、各週の所定労働時間を特定する	始業および終業の時刻を労働者の決定にゆだねることを定める		
労使協定の締結	○（注）	○	○	○
労使協定の届出	必要	必要（清算期間が1か月以内の場合は不要）	必要	必要
労使協定の内容	①変形期間を平均し1週間当たりの労働時間が法定労働時間を超えない定め ②変形期間 ③変形期間における起算日 ④変形期間の各労働日の労働時間 ⑤有効期間（労働協約の場合を除く）	①対象となる労働者の範囲 ②清算期間（3か月以内） ③清算期間内の総労働時間 ④標準となる1日の労働時間 ⑤コアタイムおよびフレキシブルタイムを設ける場合は、その開始および終了の時刻 ⑥清算期間の起算日 ⑦有効期間（労働協約の場合を除く。清算期間が1か月以内の場合は不要）	①対象となる労働者の範囲 ②対象期間（1か月超1年以内） ③特定期間 ④対象期間における労働日および労働時間 ⑤有効期間（労働協約の場合を除く）	①1週間の所定労働時間（40時間以内） ②1週間に40時間を超えた場合は、割増賃金を払うことを定める
規模・業種による制限				常時使用する労働者数30人未満の小売業・旅館・料理店・飲食店

（注）就業規則等により採用した場合は不要

☀1か月単位の変形労働時間制☀

1か月単位の変形労働時間制を採用した場合にも、もちろん時間外労働となる時間があります。時間外労働は、次のように判断していきます。

ア　1日について：労使の書面協定または就業規則その他これに準ずるものにより8時間を超える時間を定めた日はその時間を超えて労働した時間、それ以外の日は8時間を超えて労働した時間

イ　1週間について：労使の書面協定または就業規則その他これに準ずるものにより1週の法定労働時間を超える時間を定めた週は、その時間を超えて労働した時間、それ以外の週は1週の法定労働時間を超えて労働した時間（アで時間外労働となる時間を除く）

ウ　変形期間について：変形期間における法定労働時間の総枠を超えて労働した時間（アまたはイで時間外労働となる時間を除く）

> **1週間の法定労働時間が40時間、変形期間が4週間の場合**
> 変形期間の所定労働時間の総枠………154時間
> 変形期間の法定労働時間の総枠………160時間
> この例で時間外労働となる時間を確認してみましょう。

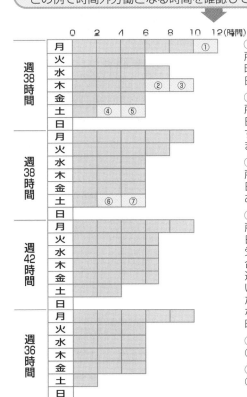

①時間外労働
所定労働時間が8時間（1日の法定労働時間）を超え10時間と定められている日に、その所定労働時間を超えています。

②時間外労働ではない
所定労働時間が8時間を超えていない日に、8時間に至るまでの部分の時間です。また、週の法定労働時間も超えていません。

③時間外労働
所定労働時間が8時間を超えていない日において8時間を超える部分の時間であるため。

④⑤時間外労働
所定労働時間が8時間を超えていない日において8時間に至るまでの部分の労働時間であるため、1日単位で見た場合は時間外労働となりません。しかし、週所定労働時間が38時間と定められている週において、時間外労働と判断された①③を除き、②を加えると40時間となり、④⑤の時間を加えると週法定労働時間である40時間を超えています。

⑥時間外労働ではない
②と同じ理由

⑦時間外労働
④⑤と同じ理由

▢ 所定労働時間　　▢ 所定労働時間を超えた時間

☀フレックスタイム制☀

フレックスタイム制は、社員自身が始業および終業の時刻を選択できる制度です。

8:00 9:00 10:00	12:00 13:00	15:00 17:00	20:00
フレキシブルタイム	コアタイム	休憩 コアタイム	フレキシブルタイム

←――――――――――― 標準となる1日の労働時間 ―――――――――――→

←――――――――――――――― 労働時間帯 ―――――――――――――――→

▶**コアタイム**……………労働者が労働しなければならない時間帯
▶**フレキシブルタイム**…労働者がその選択により労働することができる時間帯

フレックスタイム制においても、清算期間の枠内の法定労働時間を超えた場合には割増賃金の支払いが発生します。

フレックスタイム制において、1か月を清算期間とした場合の労働時間の総枠は次のようになります。

1か月の日数が30日のとき…40時間 × 30日/7日 = 171.4時間
1か月の日数が31日のとき…40時間 × 31日/7日 = 177.1時間

清算期間の総労働時間（会社の規定で決められている時間）…160時間

7月に150時間しか働かなかった場合

☛不足分を当月の給与で清算するか、翌月に法定労働時間の範囲内で繰り越すこともできます。

7月に180時間働いた場合

☛超過時間を翌月の総労働時間から差し引いて清算することはできません。当月の給与で割増分も含めて清算します。

☀清算期間が1か月超3か月以内のフレックスタイム制☀

 平成31（2019）年4月1日から、清算期間が1か月を超え3か月以内のフレックスタイム制も可能となっています。

　この場合、過重労働を防止する観点から、清算期間を1か月ごとに区分した各期間においても、労働時間に一定の上限が適用されます。上限を超えた時間は、法定の時間外労働となり、割増賃金の支払いが必要となります。
　清算期間が1か月を超え3か月以内の場合に時間外労働となる時間は、次の2つの枠を超えた時間を合計した時間となります。
① 清算期間を1か月ごとに区分した各期間における週平均50時間の枠
　（50時間×1か月ごとに区分した期間の暦日数／7日）
② 清算期間における法定労働時間の総枠
　（40時間×清算期間における暦日数／7日）

例）4月～6月を清算期間と定めた場合

	① 清算期間を1か月ごとに区分した各期間における週平均50時間の枠	② 清算期間における法定労働時間の総枠（原則）
4月（30日）	50時間×30日／7日≒214.2時間	40時間×91日／7日＝520時間
5月（31日）	50時間×31日／7日≒221.4時間	
6月（30日）	50時間×30日／7日≒214.2時間	

☛ このケースで、時間外労働となる時間は、「各月において①を超えた時間＋清算期間において②を超えた時間（①で算定された時間外労働となる時間を除く）」となります。

1 雇用保険の保険料率

(令和6年分)

内　訳 事業の種類	雇用保険率	負担	
		事業主	被保険者
一般の事業	1000分の15.5	1000分の9.5	1000分の6
農林水産業 清酒の製造の事業	1000分の17.5	1000分の10.5	1000分の7
建設の事業	1000分の18.5	1000分の11.5	1000分の7

2 年齢早見表

実務に便利な年齢早見表 (西暦2024年用)

生　年		満年齢	生　年		満年齢	生　年		満年齢
大正13	1924	100	昭和			6	1994	30
14	1925	99	34	1959	介護1号 65	7	1995	29
大正15 昭和 1	1926	98	35	1960	64	8	1996	28
			36	1961	63	9	1997	27
2	1927	97	37	1962	62	10	1998	26
3	1928	96	38	1963	61	11	1999	25
4	1929	95	39	1964	賃金登録 60	12	2000	24
5	1930	94				13	2001	23
6	1931	93	40	1965	59	14	2002	22
7	1932	92	41	1966	58	15	2003	21
8	1933	91	42	1967	57	16	2004	20
9	1934	90	43	1968	56	17	2005	19
10	1935	89	44	1969	55	18	2006	18
11	1936	88	45	1970	54	19	2007	17
12	1937	87	46	1971	53	20	2008	16
13	1938	86	47	1972	52	21	2009	15
14	1939	85	48	1973	51	22	2010	14
15	1940	84	49	1974	50	23	2011	13
16	1941	83	50	1975	49	24	2012	12
17	1942	82	51	1976	48	25	2013	11
18	1943	81	52	1977	47	26	2014	10
19	1944	80	53	1978	46	27	2015	9
20	1945	79	54	1979	45	28	2016	8
21	1946	78	55	1980	44	29	2017	7
22	1947	77	56	1981	43	30	2018	6
23	1948	76	57	1982	42	平成31 令和 1	2019	5
24	1949	後期高齢 75	58	1983	41	2	2020	4
25	1950	74	59	1984	介護2号 40	3	2021	3
26	1951	73	60	1985	39	4	2022	2
27	1952	72	61	1986	38	5	2023	1
28	1953	71	62	1987	37	6	2024	0
29	1954	厚年喪失 70	63	1988	36			
30	1955	69	昭和64 平成1	1989	35			
31	1956	68	2	1990	34			
32	1957	67	3	1991	33			
33	1958	66	4	1992	32			
				1993	31			

特定扶養 H14.1.2生〜 H18.1.1生

16歳未満の 扶養親族／ H20.1.2 以後生

老人扶養 S30.1.1 以前生

※年齢は、満年齢を記載 誕生日前の場合は1を減じる

第 **I** 編

はじめの一歩！
しごとのしくみとつながりを知ろう

第**5**章

社会保険の届出と手続き

社会保険関係の
事務の窓口

社会保険の事務の窓口

　5つの保険関係における実際の事務は、各担当の役所で行なうことになる。かつては厚生省と労働省という2つの省があり、それぞれ社会保険関係と労働保険関係を管轄していたが、平成13年から厚生労働省となり、省が1つになった。

　健康保険と厚生年金保険、介護保険の窓口は、年金事務所（または協会けんぽ）というところになる。介護保険の実際の給付は市区町村が担当するが、保険料の徴収に関しては年金事務所が窓口となっている。

　労災保険は、労働基準監督署が窓口となる。労働基準監督署は、労災保険だけでなく、労使関係などのトラブルや労働条件に関しての見張り役でもある。

　雇用保険は、公共職業安定所＝ハローワークが窓口となる。雇用保険は、失業給付だけでなく、雇用を促進するための助成金や、従業員の教育を行なう会社に対していろいろな助成金を支給している。

　事務担当者としては、事務手続き以外に、こういった助成金等の情報をまめに収集するような姿勢が望ましい。

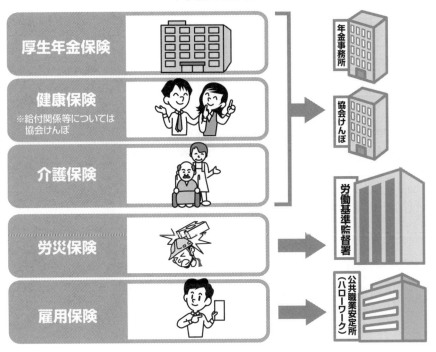

☀️事務の窓口☀️

厚生年金保険

健康保険
※給付関係等については協会けんぽ

介護保険

労災保険

雇用保険

年金事務所

協会けんぽ

労働基準監督署

公共職業安定所（ハローワーク）

給与計算と社会保険事務の基礎問題（14ページ）の解説

Q1 給与は毎月支払わなければならないことになっています（44ページ）。また、賃金台帳等の一定の書類には保存義務があります（135ページ）。

Q2 給与から税金や社会保険料等を控除しなければなりません（74ページ）。

Q3 ボーナスからも、健康保険料と介護保険料と厚生年金保険料を控除することになっています（166ページ）。

Q4 法定労働時間を超えた時間や深夜労働に関しては割増賃金の支払義務が生じます（57ページ）。

Q5 年末調整をするか確定申告をするかは選べません（182ページ）。

Q6 法人（株式会社など）は、社会保険の強制適用事業所です（76ページ）。

Q7 労災保険は、業務上または通勤災害に関する保険給付と二次健康診断等給付を行なう制度です（34ページ）。

Q8 健康保険は労災保険と異なり、業務外の事情で病気やけがをした場合に支給されます（30ページ）。

Q9 介護保険料は40歳から64歳までの介護保険第2号被保険者から徴収します。全員ではありません（33ページ）。

Q10 厚生年金や健康保険は会社の役員にも適用されますが、雇用保険は原則として会社の役員には適用されません（26ページ）。

Section 5-2

社会保険の新規適用届

新規適用とは

　社会保険（厚生年金保険・健康保険・介護保険）については、一定の事業所は強制適用とされている。

　ここでいう事業所とは、会社でいえば本店や支店、工場等それぞれを指し、強制適用事業所に該当する場合には、新規加入の届出をしなければならない。

　たとえば、次のような場合が新規適用に該当する。

①会社を新しく設立した場合

　社会保険は役員も強制的に加入しなければならないため、社員を雇い入れない場合でも新規適用の手続きが必要となる。

②任意適用事業所が強制適用事業所になった場合

　個人でコンピュータ関係の事業を、3人雇い入れて行なっていたが、業績が好調で新たに3人雇い入れたようなケースがこれにあたる。つまり、適用業種で従業員が5人以上となったため強制適用事業所となるわけだ。

☀強制適用と任意適用の区分☀

	業種	人数	強制・任意
法人	業種を問わず	人数を問わず	強制適用
個人	適用業種	5人以上	強制適用
		5人未満	任意適用
	非適用業種	人数を問わず	任意適用

（注）非適用業種……旅館、料理店、飲食店、理容・美容、農林畜水産、宗教等

届出 1 健康保険・厚生年金保険　新規適用届

●手続きが必要な場合

新しく事業を始めたり、支店を出すような場合

●用意する書類 (注) □…所定の用紙が届出先にあるもの　○…会社で用意するもの

（状況により必要となる書類が異なります）

□健康保険・厚生年金保険新規適用届※1

□健康保険・厚生年金保険被保険者資格取得届※2

□健康保険被扶養者（異動）届

□保険料預金口座振替依頼書

　　○登記事項証明書（法人の場合）

　　○事業主の住民票（世帯全員記載されたもの、個人事業の場合）

　　○賃貸借契約書の写し（事務所を借りている場合）

※その他、届出時に持参するもの

　　○賃金台帳　○事業開始等申告書

　　○源泉所得税の領収済通知書（直近6か月のもの）　○出勤簿

●どこへ

年金事務所（健康保険組合、厚生年金基金）

●いつまで

社会保険の適用事業所になった日から5日以内

※1　「法人番号」の記載が必要です。
※2　社員の「マイナンバー(個人番号)または基礎年金番号」の記載が必要です。

 届出の ツボ　提出書類は、年金事務所に一式備えてあります。事前に入手しておきましょう。また、電子申請もできますので活用するとよいでしょう。

Section 5-3

労働保険の基礎知識

労働保険の適用

　雇用保険や労災保険についても、事業所を単位として適用される。1人でも労働者を雇い入れて、事業が行なわれている限り、当然に労災保険または雇用保険の保険関係が成立することから、当然適用事業といわれる。一部の事業は、当分の間は任意適用事業とされていて、これを暫定任意適用事業という。

一元適用事業と二元適用事業

　一元適用事業とは、労災保険と雇用保険を1つの労働保険の保険関係として取り扱い、保険料の申告・納付等を両保険一本で行なうものをいう。ほとんどの事業が一元適用事業となっている。

継続事業と有期事業

　継続事業とは、有期事業以外の事業、すなわち事業の期間が予定されない事業のことをいう。一般の会社のほとんどが継続事業に該当する。

　なお、有期事業とは、事業の期間が予定される事業、すなわち、事業の性質上、一定の予定期間に所定の事業目的を達成して終了する事業をいう。たとえば、建築工事、ダム工事、道路工事などの土木建築工事等が該当する。本書では、継続事業における手続きを中心に説明している。

☀ 暫定任意適用事業となるもの ☀

暫定任意適用事業
農林水産の事業のうち、常時使用労働者数が5人未満の個人経営の事業のことをいいます。なお、労災保険では、農業に限り事業主が特別加入をする場合には、常時使用労働者数が5人未満であっても当然適用事業となります。

	暫定任意適用事業／任意適用事業
労災保険 	●個人経営で5人未満の労働者を使用する農業 　①一定の危険・有害な作業を主として行なうもの、および、②農業関係の特別加入をしている事業主が行なうものを除く ●個人経営で5人未満の労働者を使用する水産業 　①総トン数5トン未満の漁船、または、②特定水面で主として操業 ●個人経営の林業で、常時には労働者を使用せず、かつ、年間使用延べ労働者数300人未満
雇用保険 	個人経営で5人未満の労働者を使用する農林水産業の事業（船員が雇用される事業を除く）

二元適用事業とは……労災保険の保険関係と雇用保険の保険関係とを別個に取り扱い、保険料の申告・納付をそれぞれ別々に行なう、次の事業が該当します。

①都道府県および市区町村が行なう事業
②①に準ずるものの事業
③港湾労働法の適用される港湾の運送事業
④農林・水産の事業
⑤建設の事業

Section 5-4

労働保険の加入手続き

加入届出から申告・納付まで

　一元適用事業所の場合、労働保険に加入するには、まず労働保険の「保険関係成立届」を所轄の労働基準監督署に提出する。

　その後、雇用保険の加入手続きを行なう。具体的には「雇用保険適用事業所設置届」と「雇用保険被保険者資格取得届」を所轄の公共職業安定所長に提出しなければならない。なお、労働保険・社会保険とも電子申請が可能であり、上手に活用するとよいだろう。

　また「成立届」の提出とあわせて、その年度分の労働保険料（保険関係が成立した日からその年度の末日までに労働者に支払う賃金の総額の見込額に、保険料率を乗じて得た額）を概算保険料として申告・納付することになる。

☀労働保険加入の手順☀

労働基準監督署

公共職業安定所

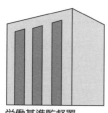

労働基準監督署
都道府県労働基準局
年金事務所
日本銀行（金融機関）
郵便局

労働保険の成立
（労災・雇用）

雇用保険の適用
の手続き

労働保険料の納付

届出 2-1 労働保険の加入手続き

●手続きが必要な場合

労働保険に新しく加入するとき

●用意する書類

☐労働保険保険関係成立届※1

☐労働保険概算保険料申告書※1

　○登記事項証明書（法人の場合）　○賃貸借契約書のコピー（個人事業の場合）

●どこへ

労働基準監督署

●いつまで

・事業開始の翌日から 10 日以内

・強制加入となる会社になった日の翌日から 10 日以内
（例：設立後、最初の社員が入社した日の翌日から 10 日以内）

・概算保険料申告書は保険関係が成立した日から 50 日以内

届出 2-2 雇用保険の加入手続き

●手続きが必要な場合

雇用保険に加入するとき

●用意する書類

☐雇用保険適用事業所設置届※1

☐雇用保険被保険者資格取得届※2、※3

☐雇用保険被保険者証（前会社で雇用保険に加入していた人）

　○労働保険保険関係成立届の事業主控　○事業を行なっていること
を証明できるもの（登記事項証明書等）を添付　○賃貸借契約書の
コピー（所在地が確認できるもの）　○給与支払事務所等の開設届出
書（控）　○賃金台帳　○出勤簿またはタイムカード　○労働者名簿

●どこへ

公共職業安定所

●いつまで

・雇用保険の適用事業所になった日の翌日から 10 日以内

（例：設立後、最初の社員が入社した日の翌日から 10 日以内）

※1　「法人番号」の記載が必要です。
※2　社員の「マイナンバー（個人番号）」の記載が必要です。
※3　被保険者が外国人の場合、「外国人雇用状況届出書」も同時に提出します。

届出の
ツボ
労働基準監督署へ行った足で公共職業安定所に回るのが効率的です。

Section 5-5

労働保険料の申告・納付

労働保険料のしくみ

労働保険の加入手続きと同時に、その年度分の労働保険料を申告・納付することになる。労働保険料は4月1日から翌年の3月31日までの1年間を単位として、その年度（年度の途中で保険関係が成立したときはそのときから）に支払う賃金総額の見込額に、保険料率を乗じて得た額を納める。これを概算保険料という。

年度の終了時点で、その年に支払った賃金の総額が確定するため、確定した保険料と概算で納めている保険料との過不足を精算して、さらに、翌年度の概算保険料を申告・納付する。これを「年度更新」という（155ページ参照）。

一般保険料

労働保険料は、労働者に支払う賃金の総額に保険率（労災保険率＋雇用保険率）を乗じて得た額となる。そのうち、労災保険料分は全額事業主負担、雇用保険料分は事業主と労働者双方で負担することになっている（34ページ参照）。

一般拠出金

「石綿による健康被害の救済に関する法律」により、石綿（アスベスト）健康被害者の救済費用に充てるため、労災保険適用事業場の全事業主が「一般拠出金」を申告・納付することとされている（全額事業主負担）。

● 労働保険料の延納

概算保険料額が40万円（労災保険か雇用保険のどちらか一方の保険関係のみ成立している場合は20万円）以上の場合、または労働保険事務組合に労働保険事務を委託している場合は、労働保険料の納付を3回に分割することができる。

☀労働保険料の納期☀

	3回分割			4/1～5/31までに成立した事業			6/1～9/30までに成立した事業	
	第1期	第2期	第3期	第1期	第2期	第3期	第1期	第2期
期間	4/1～7/31	8/1～11/30	12/1～翌年3/31	成立した日～7/31	8/1～11/30	12/1～翌年3/31	成立した日～11/30	12/1～翌年3/31
納期限	7/10	10/31	翌年1/31	成立した日の翌日から50日	10/31	翌年1/31	成立した日の翌日から50日	翌年1/31

（注1）労働保険事務組合に労働保険事務を委託している場合には、納期限が10／31のものについては11／14、納期限が翌年1／31のものについては翌年2／14となります。
（注2）納期限が休日の場合は、翌営業日が納期限となります。
（注3）10／1以降に成立した事業場の場合は延納できません。

届出3 労働保険概算保険料申告書

●手続きが必要な場合
労働保険に新しく加入したとき

●用意する書類
□労働保険概算保険料申告書※

●どこへ
所轄の都道府県労働局
日本銀行（金融機関）
郵便局、労働基準監督署、年金事務所のいずれか

●いつまで
保険関係成立の日（翌日起算）から50日以内

※「法人番号」の記載が必要です。

■労災保険の保険料率

(単位：1/1000)

(令和6年4月1日〜)

事業の種類の分類	業種番号	事業の種類	労災保険率
林業	02又は03	林業	52
漁業	11	海面漁業（定置網漁業又は海面魚類養殖業を除く。）	18
	12	定置網漁業又は海面魚類養殖業	37
鉱業	21	金属鉱業、非金属鉱業（石灰石鉱業又はドロマイト鉱業を除く。）又は石炭鉱業	88
	23	石灰石鉱業又はドロマイト鉱業	13
	24	原油又は天然ガス鉱業	2.5
	25	採石業	37
	26	その他の鉱業	26
建設事業	31	水力発電施設、ずい道等新設事業	34
	32	道路新設事業	11
	33	舗装工事業	9
	34	鉄道又は軌道新設事業	9
	35	建築事業（既設建築物設備工事業を除く。）	9.5
	38	既設建築物設備工事業	12
	36	機械装置の組立て又は据付けの事業	6
	37	その他の建設事業	15
製造業	41	食料品製造業	5.5
	42	繊維工業又は繊維製品製造業	4
	44	木材又は木製品製造業	13
	45	パルプ又は紙製造業	7
	46	印刷又は製本業	3.5
	47	化学工業	4.5
	48	ガラス又はセメント製造業	6
	66	コンクリート製造業	13
	62	陶磁器製品製造業	17
	49	その他の窯業又は土石製品製造業	23
	50	金属精錬業（非鉄金属精錬業を除く。）	6.5
	51	非鉄金属精錬業	7
	52	金属材料品製造業（鋳物業を除く。）	5
	53	鋳物業	16
	54	金属製品製造業又は金属加工業（洋食器、刃物、手工具又は一般金物製造業及びめっき業を除く。）	9
	63	洋食器、刃物、手工具又は一般金物製造業（めっき業を除く。）	6.5
	55	めっき業	6.5
	56	機械器具製造業（電気機械器具製造業、輸送用機械器具製造業、船舶製造又は修理業及び計量器、光学機械、時計等製造業を除く。）	5
	57	電気機械器具製造業	3
	58	輸送用機械器具製造業（船舶製造又は修理業を除く。）	4
	59	船舶製造又は修理業	23
	60	計量器、光学機械、時計等製造業（電気機械器具製造業を除く。）	2.5
	64	貴金属製品、装身具、皮革製品等製造業	3.5
	61	その他の製造業	6
運輸業	71	交通運輸事業	4
	72	貨物取扱事業（港湾貨物取扱事業及び港湾荷役業を除く。）	8.5
	73	港湾貨物取扱事業（港湾荷役業を除く。）	9
	74	港湾荷役業	12
電気、ガス、水道又は熱供給の事業	81	電気、ガス、水道又は熱供給の事業	3
その他の事業	95	農業又は海面漁業以外の漁業	13
	91	清掃、火葬又はと畜の事業	13
	93	ビルメンテナンス業	6
	96	倉庫業、警備業、消毒又は害虫駆除の事業又はゴルフ場の事業	6.5
	97	通信業、放送業、新聞業又は出版業	2.5
	98	卸売業・小売業、飲食店又は宿泊業	3
	99	金融業、保険業又は不動産業	2.5
	94	その他の各種事業	3
	90	船舶所有者の事業	42

第II編

給与計算・社会保険事務担当者の 1年間

4月～6月の事務カレンダー

4月

日	月	火	水	木	金	土
	1	2	3	4	5	6
7	8	9	10	11	12	13
14	15	16	17	18	19	20
21	22	23	24	25	26	27
28	29	30				

税 ～4/10　3月分の源泉所得税・特別徴収住民税の支払い

社 ～4/30　3月分の社会保険料の支払い
5日以内　社会保険の資格取得手続き
翌月10日まで　雇用保険の資格取得手続き

イベント 新入社員入社
ベースアップ（昇給）

5月

日	月	火	水	木	金	土
			1	2	3	4
5	6	7	8	9	10	11
12	13	14	15	16	17	18
19	20	21	22	23	24	25
26	27	28	29	30	31	

税 ～5/10　4月分の源泉所得税・特別徴収住民税の支払い

社 ～5/31　4月分の社会保険料の支払い

6月

日	月	火	水	木	金	土
						1
2	3	4	5	6	7	8
9	10	11	12	13	14	15
16	17	18	19	20	21	22
23	24	25	26	27	28	29
30						

税 ～6/10　5月分の源泉所得税・特別徴収住民税の支払い
住民税特別徴収額の更新（定額減税が適用された住民税は7月から）

社 ～7/1　5月分の社会保険料の支払い
6/3～7/10　労働保険料の申告・納付

イベント ボーナス（賞与）の査定
定額減税（令和6年）

4月から6月までの事務

　4月には、新入社員が入社する。これに伴って、社会保険の資格取得の手続きが発生する。

　健康保険や厚生年金保険といった社会保険は、入社から5日以内に手続きをしなければならない。雇用保険は、入社した日の属する月の翌月10日が手続きの期限となっている。

　6月に入ると、毎月の給与から控除する（特別徴収という）住民税の額が変わる。これを毎月の給与計算に反映しなければならない。年税額を等分し端数は6月分として処理されるので、7月分以降の住民税額を7月にもう一度更新することになる。

　また、**労働保険料の申告・納付手続き**を**毎年6月1日から7月10日**までに行なわなければならない。

この季節のテーマ

①毎月の給与計算事務

　月々の給与計算事務の流れをたどり、身につけていく。給与からは、社会保険料や所得税・住民税といった税金を控除して納付しなければならない。控除した社会保険料は翌月末日までに、税金は原則として翌月10日までに納付しなければならない。ただし、一定の要件を満たし、源泉所得税の納期の特例を受けた会社は半年に1回（7月と1月）まとめて税金を納付することができる。

②入社時の事務

　新入社員が入社した場合の手続きが発生する。入社する社員が多いとそれだけ事務作業も増えることになる。

③労働保険料の申告手続き

　雇用保険や労災保険といった労働保険料は、会社が年に1回申告・納付することになっている。これを年度更新という。月々の給与計算をしっかり行なっていないと、そのときに大変面倒なことになる。

給与・賞与からの「定額減税」

　令和6年は「定額減税」が実施されます。

㊟本編では、恒常的に適用される規定を説明しています。令和6年においては、臨時的に、6月以降に定額減税に関する事務を行なう必要があります（詳しくは239ページ「所得税の定額減税」を参照）。

毎月の給与計算の流れ

●毎月の給与計算事務……………………………………

　これまで、給与明細書からそれを取り巻く法律を学習してきました。それらの知識をもとにいよいよ給与計算の始まりです。

　はじめに、ひと月の給与計算の流れを確認しておきましょう。

①給与の締切日までにやっておくこと

　入社だけでなく、退職する人の人事情報も収集して整理しておくことが必要です。結婚、出産、転居等、給与計算に関連する項目に関しても整理しておきましょう。

②勤怠情報の収集

　給与の締切日を迎えたら、勤怠システム、タイムカードや出勤簿により、労働時間や出勤日数のチェックを行ない、集計します。

　タイムカードの場合は、打刻漏れや二重打刻されているものに関して、実際の時間を確認する必要があります。

③給与計算

　支給項目と控除項目の順番に計算をしていきます。

④支払いの手続き

　多くの会社では、給与支給は金融機関を通じて振込みで行なうようになっています。実際の支給日の3〜4営業日前までに給与の振込みのデータを指定のフォームで金融機関に渡します。

⑤給与の支給日

　紙の明細の場合は給与明細書を各社員に渡します。Web明細の場合は公開日までにアップロードします。

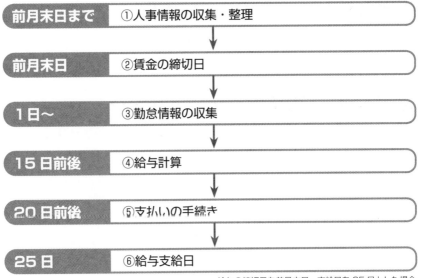

●毎月の給与計算事務の流れ●

前月末日まで	①人事情報の収集・整理
前月末日	②賃金の締切日
1日〜	③勤怠情報の収集
15日前後	④給与計算
20日前後	⑤支払いの手続き
25日	⑥給与支給日

給与の締切日を前月末日、支給日を25日とした場合

4月〜6月
7月〜9月
10月〜12月
1月〜3月

給与計算に関連する情報の整理 マスター台帳

●マスター台帳とは

　給与計算のソフトを使用する際には、最初に給与計算に必要な個人情報を登録します。一般的には、これを個人マスター台帳と呼びます。ソフトを使用しない場合でも、個人ごとに情報を集約しておくことは後々の処理のために不可欠です。

　右ページに個人のマスター台帳の例を載せておきました。会社には、労働者名簿という書類を作成し、一定期間保存しなければならない義務があります。

　データの一元管理という意味からも、マスター台帳には労働者名簿の情報もプラスして管理するとよいでしょう。

●労働者名簿

　労働者名簿は、労働基準法で作成が義務づけられている書類の1つです。また、会社には労務管理上の書類を作成して一定期間保存しなければならない義務があります。通称、法定3帳簿といわれる書類で、労働者名簿、賃金台帳、出勤簿がこれにあたります。

　労働者名簿の記載事項は、法律で定められています。

労働者名簿の記載事項

・労働者の氏名、生年月日、履歴
・その他命令で定める事項（性別、住所、従事する業務の種類、雇入れの年月日、退職の年月日およびその事由、死亡の年月日およびその原因）
　従事する業務の種類については、常時30人未満の労働者を使用する事業においては記入の必要はありません。

個人マスター台帳

フリガナ	サンプル　シャイン	社員番号	1234	給与区分	（月給）・時給	
氏　名	サンプル　社員	性別	（男）・女		基本給	460,000 円
郵便番号	101-0063	電話番号	090-1111-1111	給与額	役職手当	20,000 円
住　所	東京都千代田区神田淡路町2丁目23番1号				家族手当	25,000 円
マイナンバー	1234 5678 9012	入社年月日	2023年5月1日		住宅手当	10,000 円
基礎年金番号	0123-4567890	生年月日	1980年9月1日	通勤手当	1日・1ヶ月・6ヶ月・（無）	12,000 円
雇用保険被保険者番号	9876-543210-1	税控除欄	（甲）・乙	通勤手段	（公共交通機関）・車やバイクなど	
被扶養者の有無	（有）・無	社員区分	（正社員）・アルバイト	片道距離	（車・バイク等の場合のみ）	km
金融機関名	千代田　銀行	支店名	小川町　支店	一日の所定労働時間週の所定労働日数	8時間　/　5日	
銀行・支店コード	9870-123	口座番号	1234567	従事する業務	総務人事業務全般	

	被扶養者氏名	フリガナ	生年月日	続柄	マイナンバー	職業・学生（学年）	年収
被扶養者氏名	サンプル　妻	サンプル　ツマ	1981年1月1日	妻	1234 5678 9012	パートタイマー	100 万円
被扶養者氏名	サンプル　長男	サンプル　チョウナン	2005年4月1日	長男	1234 5678 9012	高校3年生・アルバイト	50 万円
被扶養者氏名	サンプル　次男	サンプル　ジナン	2009年8月1日	次男	1234 5678 9012	中学2年生	0 万円
被扶養者氏名	サンプル　実父	サンプル　ジツフ	1950年5月1日	父	1234 5678 9012	老齢年金受給者	120 万円
被扶養者氏名	サンプル　実母	サンプル　ジツボ	1954年12月1日	母	1234 5678 9012	老齢年金受給者	130 万円

記録の保存義務（3年間※）がある書類と保存期間の起算日

・労働者名簿→労働者の死亡、退職または解雇の日
・賃金台帳→最後の記入をした日
・雇入れまたは退職に関する書類→労働者の退職または死亡の日
・災害補償に関する書類→災害補償の終わった日
・賃金その他労働関係に関する重要な書類→その完結の日
　（出勤簿、タイムカード、三六協定書＜49ページ＞等）

※ 2020 年4月の時効改正により「5年」に延長されましたが、当分の間は「3年」とされています。

給与計算の基本①

●給与計算ソフトを使用する場合……………………

現在では、給与計算ソフトで計算する会社がほとんどです。このような場合は、変動項目に注意して入力すれば計算自体は機械が自動的にやってくれるので簡単です。

ただ、そうはいっても判断を下し、ソフトを使いこなさなければならないわけですから、基本的なやり方をしっかり把握しておく必要があります。

ここでは、昔ながらの縦長の給与明細をもとにポイントを確認していきましょう。

●勤怠欄…………………………………………………

給与計算の対象となる期間の所定労働日数と出勤日数を記入します。有給休暇のその月の消化日数と残日数もここで管理すると、社員からの問い合わせに答える手間も省けて便利です。

時間外労働時間をタイムカードや出勤簿から計算し、割増賃金の計算が必要な時間数を記入します。

●支給欄…………………………………………………

基本給や各種手当を個人のマスター台帳をもとに記入していきます。時間外手当は、個人のマスター台帳であらかじめ1時間当たりの単価を計算し、この単価に時間数を乗じて算出します。

通勤手当について、定期券購入相当額を手当として支給している場合は、その額を基準として課税・非課税を判断してその金額

株式会社日実商事（書店経営）勤務
給与の支給額　　317,362円
扶養親族等の数　　3人（源泉控除対象配偶者1人、16歳以上の
子供2人）の場合

給与支払明細書
（2024 年 5 月）

部　　　　　　　　殿

勤怠欄		
所定労働日数		22日
出勤日数		22日
有休消化日数		0日
有休残日数		18日
時間外労働		30時間
深夜労働		0時間
休日労働		0時間

支給額			
	基本給	200	000
	住宅手当	25	000
	役職手当	30	000
	時間外労働手当	54	362
	深夜労働手当		0
	休日労働手当		0
	非課税通勤手当	8	000
	課税通勤手当		0
	課税合計	309	362
	非課税額合計	8	000
	支給額合計	317	362
	健康保険料	15	968
	介護保険料	3	5〜0

を記入します。定期券（現物）を支給している場合には、まず支
給欄に定期代を計算してその額を記入します。そして、実際には
すでに定期券を支給しているわけですから、控除欄で同じ額を控
除します。

給与計算の基本②

● 健康保険・介護保険・厚生年金保険料の控除…

健康保険・介護保険・厚生年金保険の保険料は、標準報酬月額に保険料率を掛けて計算されます。また、標準報酬月額の決定方法は5種類あることは既に述べました。いったん標準報酬月額が決まると定時決定または随時改定にかかるまでは保険料が同じなので、保険料を個人のマスター台帳で管理すると便利です。

● 雇用保険料の控除……………………………………………

雇用保険料は、給与の支払いのつど、その額に6／1000（一般的な業種）を掛けた額を控除します。

● 源泉所得税の控除……………………………………………

給与を支払うときに源泉徴収する税額は、その支払いのつど、給与所得の源泉徴収税額表を使って求めます。この税額表には、「月額表」と「日額表」があります。

月額表	給与を毎月支払う場合に使います。また、月や旬を単位にして支払う給与も「月額表」を使います。たとえば、半月ごとや10日ごとなどに給与を支払う場合です。
日額表	働いたその日ごとに給与を支払う場合です。また、1週間ごとに支払う給与も「日額表」を使います。このほか、日割計算して支払う給与も「日額表」を使います。
	日雇賃金（147ページ参照）

源泉徴収をする所得税は、使う税額表に記載されている「甲欄」か「乙欄」または「丙欄」から求めます。

甲欄	給与所得者の扶養控除等申告書が提出されている場合
乙欄	給与所得者の扶養控除等申告書の提出がない場合
丙欄	日雇賃金の場合

 税額表に当てはめる給与の金額は、その月（日）分の課税給与の金額から社会保険料（健康保険料・介護保険料・厚生年金保険料・雇用保険料）を控除した後の金額になります。

●住民税の控除

　会社が提出した給与支払報告書（226ページ参照）により計算された市区町村民税・都道府県民税特別徴収税額通知書が5月末までに会社に送られてきます。この通知に基づいて6月から翌年の5月までの住民税額を控除していきます。

※令和6年の定額減税対象者の住民税は、6月は控除せず、7月から令和7年5月までとなります。

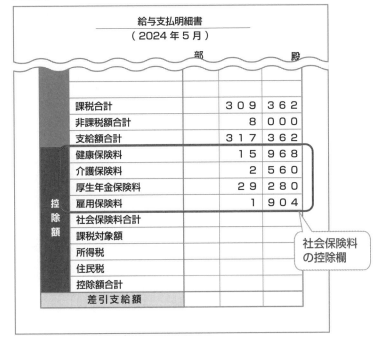

具体的な計算①
健康保険料・介護保険料・厚生年金保険料

●健康保険料・介護保険料・厚生年金保険料……

健康保険料・介護保険料・厚生年金保険料は、標準報酬月額および保険料額表（72ページ参照）により、標準報酬等級に応じた保険料を控除します。

課税合計	3 0 9	3 6 2
非課税額合計	8	0 0 0
支給額合計	3 1 7	3 6 2
健康保険料※	1 5	9 6 8
介護保険料	2	5 6 0
厚生年金保険料	2 9	2 8 0

※「基本保険料」と「特定保険料」の内訳を示して徴収する企業もあります。

健康保険・厚生年金保険料額表

健康保険料率：令和6年3月分〜　適用　　介護保険料率：令和6年3月分〜　適用
厚生年金保険料率：平成29年9月分〜　適用

（東京都）　　　　　　　　　　　　　　　　　　　　　　　　　　　　　　　　　　単位：円

標準報酬		報酬月額		保険料（被保険者負担分）		
				協会管掌健康保険（東京都）		厚生年金保険
等級	月額			介護保険非該当者	介護保険該当者	一般、坑内員・船員
				49.9/1,000	57.9/1,000	91.5/1,000
		円以上	円未満			
1	58,000	〜	63,000	2,894.2	3,358.2	
18 (15)	220,000	210,000 〜	230,000	10,978.0	12,738.0	20,130.00
19 (16)	240,000	230,000 〜	250,000	11,976.0	13,896.0	21,960.00
20 (17)	260,000	250,000 〜	270,000	12,974.0	15,054.0	23,790.00
21 (18)	280,000	270,000 〜	290,000	13,972.0	16,212.0	25,620.00
22 (19)	300,000	290,000 〜	310,000	14,970.0	17,370.0	27,450.00
23 (20)	320,000	310,000 〜	330,000	15,968.0	18,528.0	29,280.00
24 (21)	340,000	330,000 〜	350,000	16,966.0	19,686.0	31,110.00
25 (22)	360,000	350,000 〜	370,000	17,964.0	20,844.0	32,940.00

●社会保険料を控除する際の注意点……………

　社会保険料は、月を単位として徴収されます。被保険者の資格を取得した月から、被保険者の資格を喪失した月の前月まで（末日退社は当該退職月まで）が保険料の徴収月となります。
(例) 4月1日入社の人は、翌月5月の支給日に4月分の保険料を控除します。

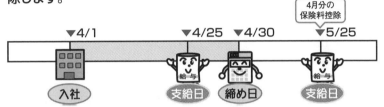

●介護保険料を控除する際の注意点……………

　介護保険の被保険者となるのは40歳からです。40歳に達すると介護保険料を控除しなければなりません。マスター台帳の社員の生年月日をもとに、毎月40歳に到達する人をチェックすることが必要になります。

　また、40歳に達する日とは、40歳の誕生日の前日をいいます。そこで、40歳の誕生日の前日に被保険者となり、その月から保険料が発生することになるのです。特に1日生まれの人については注意が必要です。

4月1日が誕生日の人の場合

▼4/1（誕生日）

3月	4月	5月

3月分から保険料が発生

△3/31（40歳到達日）

4月2日が誕生日の人の場合

4月分から保険料が発生

▼4/2（誕生日）

3月	4月	5月

△4/1（40歳到達日）

具体的な計算②
雇用保険料

● 雇用保険料···

　雇用保険料については、雇用保険料の被保険者負担率を乗じて算出した保険料を控除します。計算の結果、1円未満の端数が生じたときは、<u>50銭以下</u>の場合は切り捨て、<u>50銭1厘以上</u>の場合は切り上げとなります。

※被保険者が現金で会社に支払う場合は、<u>50銭未満</u>の場合は切り捨て、<u>50銭以上</u>の場合は切り上げとなります。

　ただし、労使の間で慣習的な取扱い等の特約がある場合にはこの限りではなく、たとえば、従来切り捨てで行なわれていた場合、引き続き同様の取扱いを行なってもかまいません。

業　種	被保険者負担率
一般の事業	6/1000
農林水産業・清酒製造業・建設業	7/1000

課税合計	3 0 9	3 6 2
非課税額合計		8 0 0 0
支給額合計	3 1 7	3 6 2
健康保険料	1 5	9 6 8
介護保険料	2	5 6 0
厚生年金保険料	2 9	2 8 0
控 … 雇用保険料	1	9 0 4

年度更新

保険料の納付（年1回※）

会社

労働局

保険料の控除

社員

雇用保険料は、給与が支払われるつど、その金額に応じた額を控除します。例えば「今月は賞与があるから」とまだ支払われていない賞与の分の保険料を月ごとの給与からまとめて控除することはできません。

雇用保険料の被保険者負担分は、給与が支払われるつど、その給与に応じて被保険者負担率を掛けて算定され、控除されます。

※延納の申請をした場合は、年3回

具体的な計算③
税金の控除と実例

● 所得税の控除………………………………………………

所得税は、社会保険料控除後の金額に対して課税されます。

額			
課税合計		3 0 9	3 6 2
非課税額合計		8	0 0 0
支給額合計		3 1 7	3 6 2
健康保険料		1 5	9 6 8
介護保険料		2	5 6 0
厚生年金保険料		2 9	2 8 0
雇用保険料		1	9 0 4
社会保険料合計		4 9	7 1 2
課税対象額		2 5 9	6 5 0
所得税			
住民税			

①税額表に当てはめる金額

税額表に当てはめる金額は、その月の給与の金額から健康保険料・介護保険料・厚生年金保険料・雇用保険料の社会保険料を控除した金額になります。また、非課税通勤費などの非課税分を除いた課税合計から社会保険料を引いた額が対象となる点にも注意してください。

②税額表の見方

税額表は、給与の支給を受ける人の扶養親族等の数に応じて使用します。扶養親族等の数は、あらかじめ提出を受けている

「給与所得者の扶養控除等（異動）申告書」（194ページ参照）により把握します。

今まで説明してきた社員の例で当てはめてみましょう。

給与の支給額（課税合計）	309,362円
給与から控除する社会保険料合計	49,712円
扶養親族等の数（源泉控除対象配偶者1人、16歳以上の子供2人）	3人

I　社会保険料等控除後の課税対象の金額が259,650円となります。

II　「その月の社会保険料等控除後の給与等の金額」欄で259,650円が含まれる欄（257,000円以上260,000円未満）の行と、甲欄の「扶養親族等の数」の3人の欄との交わるところに記載されている金額が源泉所得税の額になります。

したがって、所得税額は2,000円になります。

■税額表の抜粋

その月の社会保険料等控除後の給与等の金額		甲								乙
		扶養親族等の数								
		0人	1人	2人	3人	4人	5人	6人	7人	
以 上	未 満	税額								
円	円	円	円	円	円	円	円	円	円	円
167,000	169,000	3,620	2,990	390	0	0	0	0	0	11,400
254,000	257,000	6,750	5,140	3,510	1,900	290	0	0	0	38,500
257,000	260,000	6,850	5,240	3,620	2,000	390	0	0	0	39,400
260,000	263,000	6,960	5,350	3,730	2,110	500	0	0	0	40,400
263,000	266,000	7,070	5,450	3,840	2,220	600	0	0	0	41,500
266,000	269,000	7,180	5,560	3,940	2,330	710	0	0	0	42,500
269,000	272,000	7,280	5,670	4,050	2,430	820	0	0	0	43,500

（注）給与の支払額の計算をパソコンソフトによって処理する場合は、上記の計算結果とは異なる場合があります。

●住民税の控除

毎年5月末までに各市区町村から特別徴収の税額通知書が送られてきます。この税額通知書に記載されている金額を控除することになります。所得税と違い、税額そのものの計算は必要ありません。

扶養控除等（異動）申告書

● 源泉所得税の計算に関係するもの……………

　税額表に当てはめる金額は、その月の給与の金額から社会保険料を控除した金額でした。この金額を扶養親族等の数に応じて税額表に当てはめます。

　扶養親族等の数は、扶養控除等（異動）申告書によって申告されている扶養親族等の数に応じて、次のように計算します。

①源泉控除対象配偶者と控除対象扶養親族を合計します。

②本人が障害者、寡婦、ひとり親または勤労学生（詳しくは196ページ参照）に該当するときは、該当する控除項目ごとに扶養親族数をプラス1していくという方法をとっています。

③申告された源泉控除対象配偶者または控除対象扶養親族の中に、障害者または同居特別障害者に該当する人がいる場合には、これら1つに該当するごとに扶養親族の数にプラス1します。

2か所から給与を受けている人

2社に勤めている人（ダブルワークしている人や非常勤役員など）については、1か所にしか扶養控除等（異動）申告書は提出できません。扶養控除等（異動）申告書を提出している先から受ける給与を「主たる給与」といいます。主たる給与を支払う場合の源泉徴収税額は、税額表の甲欄で求めますが、それ以外の給与を支払う場合には、税額表の乙欄で源泉徴収税額を求めます。最終的には、2か所以上から年末に受け取る源泉徴収票を使って確定申告することで、税額が精算されます。

●提出期限など‥‥‥‥‥‥‥‥‥‥‥‥‥‥‥‥‥‥‥‥

　扶養控除等（異動）申告書は、その年の最初に給与の支払いを受ける日の前日までに本人から提出を受け、会社で保管しておきます。申告書には、本人および扶養親族等のマイナンバー（個人番号）を記載することになっています（※）。申告書提出後に扶養親族等の数に異動が生じた場合は、変更が必要なので、必ず報告してもらいます。また、扶養親族等がまったくいない人でも必ず提出してもらいます。この書類の提出がないと税額表は乙欄を用いることになります。

※なお、給与支払者が従業員等のマイナンバー（個人番号）等を記載した一定の帳簿を備えている場合には、申告書にマイナンバー（個人番号）の記載を要しないものとされました。

日額表の丙欄を使う場合

日々雇い入れられる人に、仕事をした日数や時間数によって、給与を支払うことがあります。この場合に支払う一定の給与は、日額表の丙欄を使って源泉徴収することになります。
丙欄を使うのは、給与を、勤務した日または時間によって計算していることのほか、継続して2か月を超えて支払いをしないという要件に当てはまる場合です。

採用の事務

●新入社員の受け入れ……………………………………………

　多くの会社では、4月には、新入社員が入社してきます。入社後の手続きをスムーズに進めるためにも、事務手続きや、やらなければならないことのチェックリストを作成しておくと便利です。

採用に関するチェックリスト		
採用日　　　　年　　月　　日		
部署名　　　　　　　　氏名		
チェック	**新入社員から受け取るもの・確認事項**	
	入社承諾書	
	扶養控除等（異動）申告書	
	マイナンバー登録票	
	卒業証明書（新卒者の場合）	
	誓約書・身元保証書	
	緊急連絡先	
	通勤交通費申請書・被服貸与申請書	
	基礎年金番号・雇用保険被保険者番号	
	源泉徴収票（同年度に前職のある人）	
	住民税異動届（前職から継続して徴収する場合）	
	他：本人確認書類（免許証、パスポートなど）	
チェック	**新入社員に関する準備事項**	
	労働条件通知書・辞令の作成	
	社員番号の付与と出勤簿（タイムカード）の作成	
	マスター台帳（労働者名簿・従業員台帳等）の作成	
	身分証明書・名刺の作成・写真撮影・机の準備（ロッカー）	
	従業員生年月日別・入社年月日別一覧表の記入	
	健康保険・厚生年金保険被保険者資格取得届の作成	
	雇用保険被保険者資格取得届の作成	
	雇入時の健康診断の実施	
	他：	

●労働条件通知書

労働条件通知書は、労働基準法上、書面等で明示しなければならない労働条件を盛り込んだ労働条件に関する文書です。後でトラブルにならないためにも必ず交付しましょう。

（一般労働者用；常用、有期雇用型）

労働条件通知書

年　　月　　日

_____ 殿

事業場名称・所在地
使用者職氏名

契約期間	期間の定めなし、期間の定めあり（　　年　　月　　日～　　年　　月　　日） ※以下は、「契約期間」について「期間の定めあり」とした場合に記入 1　契約の更新の有無 　[自動的に更新する・更新する場合があり得る・契約の更新はしない・その他（　　　）] 2　契約の更新は次により判断する。 　[・契約期間満了時の業務量　　　・勤務成績、態度　　　・能力 　　・会社の経営状況　・従事している業務の進捗状況 　　・その他（　　　　　　　　　　　　　　　　　　　　）] 3　更新上限の有無（無・有（更新　　回まで／通算契約期間　　年まで）） 【労働契約法に定める同一の企業との間での通算契約期間が5年を超える有期労働契約の締結の場合】 　本契約期間中に会社に対して期間の定めのない労働契約（無期労働契約）の締結の申込みをすることにより、本契約期間の末日の翌日（　　年　　月　　日）から、無期労働契約での雇用に転換することができる。この場合の本契約からの労働条件の変更の有無（無・有（別紙のとおり）　） 【有期雇用特別措置法による特例の対象者の場合】 無期転換申込権が発生しない期間：Ⅰ（高度専門）・Ⅱ（定年後の高齢者） 　Ⅰ　特定有期業務の開始から完了までの期間（　　年　　か月（上限10年）） 　Ⅱ　定年後引き続いて雇用されている期間
就業の場所	（雇入れ直後）　　　　　　　　　　　　　（変更の範囲）
従事すべき 業務の内容	（雇入れ直後）　　　　　　　　　　　　　（変更の範囲） 　　　　　　　【有期雇用特別措置法による特例の対象者（高度専門）の場合】 　　　　　　　・特定有期業務（　　　　　　　　　開始日：　　　完了日：　　　）
始業・終業の 時刻、休憩時 間、就業時転 換（(1)～(5) のうち該当す るもの一つに ○を付けるこ と。）、所定時 間外労働の有 無に関する事 項	1　始業・終業の時刻等 　(1) 始業（　　時　　分）　終業（　　時　　分） 　【以下のような制度が労働者に適用される場合】 　(2) 変形労働時間制等；（　　）単位の変形労働時間制・交替制として、次の勤務時間 　　　の組み合わせによる。 　┌始業（　時　分）終業（　時　分）（適用日　　　　） 　├始業（　時　分）終業（　時　分）（適用日　　　　） 　└始業（　時　分）終業（　時　分）（適用日　　　　） 　(3) フレックスタイム制；始業及び終業の時刻は労働者の決定に委ねる。 　　　（ただし、フレキシブルタイム（始業）　時　分から　時　分、 　　　　　　　　　　　　　　　　（終業）　時　分から　時　分、 　　　　　　　　　　コアタイム　　　　　　時　分から　時　分） 　(4) 事業場外みなし労働時間制；始業（　時　分）終業（　時　分） 　(5) 裁量労働制；始業（　時　分）終業（　時　分）を基本とし、労働者の決定に委ね 　　　る。 　○詳細は、就業規則第　条～第　条、第　条～第　条、第　条～第　条 2　休憩時間（　　）分 3　所定時間外労働の有無（　有　，　無　）
休　　　　日	・定例日；毎週　　曜日、国民の祝日、その他（　　　　　　　　　　） ・非定例日；週・月当たり　　日、その他（　　　　　　　　　　　） ・1年単位の変形労働時間制の場合―年間　　　　日 ○詳細は、就業規則第　条～第　条、第　条～第　条
休　　　　暇	1　年次有給休暇　6か月継続勤務した場合→　　　　　日 　　継続勤務6か月以内の年次有給休暇（有・無） 　　　　　　　→　　か月経過で　　　　日 　　　　　　　時間単位年休（有・無） 2　代替休暇（有・無） 3　その他の休暇　有給（　　　　　　　　　） 　　　　　　　　　無給（　　　　　　　　　） ○詳細は、就業規則第　条～第　条、第　条～第　条

（次頁に続く）

賃　金	1　基本賃金	イ　月給（　　　　　円）、ロ　日給（　　　　　　円）
		ハ　時間給（　　　　　円）、
		ニ　出来高給（基本単価　　　　円、保障給　　　　円）
		ホ　その他（　　　　　円）
		ヘ　就業規則に規定されている賃金等級等
	2　諸手当の額又は計算方法	
		イ（　　手当　　　　円　／計算方法：　　　　　　　　）
		ロ（　　手当　　　　円　／計算方法：　　　　　　　　）
		ハ（　　手当　　　　円　／計算方法：　　　　　　　　）
		ニ（　　手当　　　　円　／計算方法：　　　　　　　　）
	3　所定時間外、休日又は深夜労働に対して支払われる割増賃金率	
		イ　所定時間外、法定超　月60時間以内（　　　）％
		月60時間超（　　　）％
		所定超（　　　）％
		ロ　休日　法定休日（　　　）％、法定外休日（　　　）％
		ハ　深夜（　　　）％
	4　賃金締切日（　　　）－毎月　　日、（　　　）－毎月　　日	
	5　賃金支払日（　　　）－毎月　　日、（　　　）－毎月　　日	
	6　賃金の支払方法（　　　　　　　　　　　　）	
	7　労使協定に基づく賃金支払時の控除（無　，有（　　，　　））	
	8　昇給（　有（時期、金額等　　　　　　），　無　）)	
	9　賞与（　有（時期、金額等　　　　　　），　無　）)	
	10　退職金（　有（時期、金額等　　　　　　），　無　）)	
退職に関する事項	1　定年制　　（有（　　歳），　無）	
	2　継続雇用制度（有（　　　歳まで），　無）	
	3　創業支援等措置（有（　　歳まで業務委託・社会貢献事業），　無）	
	4　自己都合退職の手続（退職する　　　日以上前に届け出ること）	
	5　解雇の事由及び手続	
	○詳細は、就業規則第　　条～第　　条、第　　条～第　　条	
その他	・社会保険の加入状況（　厚生年金　健康保険　その他（　　　　））	
	・雇用保険の適用（　有　，　無　）	
	・中小企業退職金共済制度	
	（加入している　，　加入していない）　（※中小企業の場合）	
	・企業年金制度（有（制度名　　　　　　　　　），　無　）	
	・雇用管理の改善等に関する事項に係る相談窓口	
	部署名　　　　　　　担当者職氏名　　　　　　（連絡先　　　　　　）	
	・その他（　　　　　　　　　　　　　　　　　　　　）	
	※以下は、「契約期間」について「期間の定めあり」とした場合についての説明です。 　　労働契約法第18条の規定により、有期労働契約（平成25年4月1日以降に開始するもの）の契約期間が通算5年を超える場合には、労働契約の期間の末日までに労働者から申込みをすることにより、当該労働契約の期間の末日の翌日から期間の定めのない労働契約に転換されます。ただし、有期雇用特別措置法による特例の対象となる場合は、無期転換申込権の発生については、特例的に本通知書の「契約期間」の「有期雇用特別措置法による特例の対象者の場合」欄に明示したとおりとなります。	

以上のほかは、当社就業規則による。　就業規則を確認できる場所や方法（　　　　　　　　　　）

※　本通知書の交付は、労働基準法第15条に基づく労働条件の明示及び短時間労働者及び有期雇用労働者の雇用管理の改善等に関する法律（パートタイム・有期雇用労働法）第6条に基づく文書の交付を兼ねるものであること。

※　労働条件通知書については、労使間の紛争の未然防止のため、保存しておくことをお勧めします。

労働条件通知書など重要な文書のひな形は厚生労働省の
ホームページからダウンロードすることができます。

10 4月～6月の給与計算事務と社会保険手続き

社会保険の加入手続き

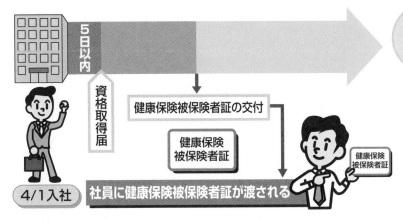 4月～6月

7月～9月

10月～12月

1月～3月

●社会保険の加入手続き……………………………

社員が入社したら健康保険と厚生年金保険の被保険者資格取得の届出[※]をし、交付された健康保険被保険者証を本人に渡します。

健康保険被保険者証は、事務センターまたは年金事務所に資格取得の届出をした後、全国健康保険協会（協会けんぽ）から会社へ交付されます。件数が多い場合や、4月など多くの届出があるような時期には、交付までに一定期間かかります。

健康保険被保険者証が交付されない間に社員が病院に行く場合は、「健康保険被保険者資格証明書交付申請書」という書類を準備します。この書類は、資格取得の届出をするときに作成し、事務センターまたは年金事務所に提出し押印してもらうことにより、健康保険被保険者資格証明書を健康保険被保険者証の代わりに病院に提出します。

※協会けんぽに加入している会社での手続きです。健康保険組合に加入している場合は異なります。

●標準報酬月額の決定——資格取得時決定………

社会保険料の計算の基礎となる標準報酬月額を決定する手続きです。入社時に決定した給与（報酬）を、保険料額表に当てはめて決定します。ここで決定された標準報酬月額は、随時改定か定時決定が行なわれるまで使われます。

届出4 健康保険・厚生年金保険　被保険者資格取得届

●手続きが必要な場合
社員が入社した場合など
●用意する書類
□健康保険・厚生年金保険被保険者資格取得届
●どこへ
事務センター※1または健康保険組合
●いつまで
入社した日から5日以内※2

※1　郵送で提出する場合は管轄の年金事務所によって各事務センターが窓口になり、直接窓口に提出する場合は年金事務所に提出します（次ページ以降の届出書類についても同様）。
※2　提出期限を経過しすぎた場合は確認書類等が必要になることがあります。

届出の**ツボ**

①新たに被保険者となる人を採用した場合は、事業主が、その人の氏名、生年月日、性別、住所、マイナンバーまたは基礎年金番号等を確認のうえ、資格取得届に記入して届け出ることになっています。

②マイナンバーについては、事業主が行政手続における特定の個人を識別するための番号の利用等に関する法律（以下、マイナンバー法）に基づく本人確認措置（番号確認＋身元（実存）確認）を行なう必要があります。

③外国籍の従業員を採用した際、マイナンバーが未届の場合は、資格取得届と併せて「ローマ字氏名届」の提出が必要となります。

●手続きが必要な場合

入社した社員に被扶養者（82ページ参照）がいる場合、今いる社員に子供が生まれた場合など

●用意する書類

□健康保険被扶養者（異動）届
　○添付書類は下記を参照
□国民年金第3号被保険者関係届（健康保険組合で被扶養配偶者がいる場合）

●どこへ、いつまで

事務センターまたは年金事務所（健康保険組合）へ、異動した日から5日以内

＜添付書類＞

○扶養認定を受ける方の続柄や年間収入を確認するため添付書類（下記）のうち、扶養認定を受ける方が被保険者と同居しているときは項番1・2を、別居しているときは1・2・3を添付してください。

項番	主な添付書類	目的	添付の省略ができる場合
1	次のいずれか ・戸籍謄本または戸籍抄本 ・住民票の写し※1 （提出日から90日以内に発行されたもの）	続柄の確認	次のいずれにも該当するとき ・被保険者と扶養認定を受ける方のマイナンバーが届書に記載されている ・左記書類により、扶養認定を受ける方の続柄が届書の記載と相違ないことを確認した旨を、事業主が届書に記載している
2	年間収入が「130万円未満※2」であることを確認できる課税証明書等の書類	収入の確認	・扶養認定を受ける方が、所得税法上の控除対象の配偶者または扶養親族であることを事業主が確認し、備考欄の「続柄確認済み」にチェックを入れている※3 ・16歳未満
3	仕送りの事実と仕送額が確認できる書類 ・振込の場合…預金通帳等の写し ・送金の場合…現金書留の控え（写し）		・16歳未満 ・16歳以上の学生

※1 被扶養認定を受ける方が同居していて、被保険者が世帯主である場合に限ります。
※2 扶養認定を受ける方が次のいずれかに該当する場合は「180万円未満」です（収入には公的年金も含まれます）。
　　・60歳以上の方　・障害厚生年金の受給要件に該当する程度の障害者
※3 障害年金、遺族年金、傷病手当金、失業給付等非課税対象の収入がある場合は、受給金額の確認ができる通知書等のコピーの添付が必要です。

届出の
ツボ

①被扶養者（異動）届を提出する際には、下記のいずれかの対応が必要です。
　・戸籍謄（抄）本または住民票の添付
　・被保険者および被扶養者のマイナンバーを記入し、備考欄の「続柄確認済み」にチェックを入れている

②配偶者を被扶養者にした場合、その配偶者について、国民年金の第3号被保険者の届が必要です。協会けんぽの場合は、手続きは被扶養者（異動）届と国民年金第3号被保険者関係届とが一体になった届出書を使用します。

11 4月～6月の給与計算事務と社会保険手続き

雇用保険の手続き

●雇用保険の被保険者資格の取得……………………

　　入社した社員の雇用保険の資格取得の届出をします。労災保険は、自動的に働いている労働者全員が対象となりますが、雇用保険の被保険者となるためには個別に手続きが必要となります。

届出6　雇用保険　被保険者資格取得届

●手続きが必要な場合
社員が入社した場合など

●用意する書類
□雇用保険被保険者資格取得届 □雇用保険被保険者証（過去に取得したことがある人） 　雇用保険被保険者証を紛失しているときは、取得届の備考欄に職歴を記入します。 　※その他提示を求められる場合があるもの 　○賃金台帳、労働者名簿、出勤簿、その他

●どこへ
ハローワーク

●いつまで
入社月の翌月10日

届出のツボ　雇用保険は、転勤のときには新入社員と同様の手続きをする必要はありませんが、転勤届を提出する必要があります。

12 4月〜6月の給与計算事務と社会保険手続き

労働保険の年度更新

●年度更新とは・・・・・・・・・・・・・・・・・・・・・・・・・・・・・・・・・・・・・・・

　労災保険と雇用保険の保険料（労働保険料）は、年度（4月〜翌年3月）はじめに概算の保険料を計算し申告納付します。翌年度のはじめに前年度の保険料を確定して、概算で納めていた保険料と精算し、翌年度の概算の保険料を申告納付することになっています。

　このように、労働保険料は原則として1年に1回精算し、これを毎年繰り返し行なうことから年度更新と呼ばれています。

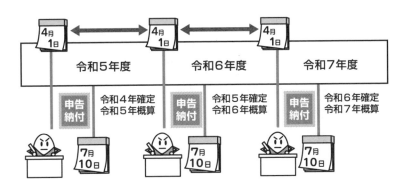

令和6年3月31日に1年間の保険料が確定しますから、令和5年度分の概算で納付した保険料と確定した保険料を精算し、令和6年度の概算保険料をあわせて申告納付することになります。これを「年度更新」といい、毎年6月1日から7月10日までの間にこの手続きを行なうことになります。

●確定保険料額と概算保険料額の計算……………

労働保険料は、労災保険に係る保険料と雇用保険に係る保険料を足した額です。

労働保険料の額
＝
労災保険に係る保険料＋雇用保険に係る保険料

（1）労災保険に係る保険料

労災保険の保険料は、全額会社が負担します。保険料の額は、労働者に支払う賃金総額（概算保険料では見込額）に業種や業務内容によって定められている保険率を乗じた額です。

①全労働者の賃金総額の見込額（確定額）
×
②労災保険率

①全労働者の賃金総額の見込額（確定額）

全労働者とは一般社員だけでなく、役員でも労働者扱いになる人（兼務役員）やアルバイト・パートタイマー等の臨時労働者も含まれます。ただし、派遣社員は含まれません。

確定保険料の計算では支払いの確定した賃金総額を用います。また、賃金総額に1000円未満の端数が出たときは切り捨てて計算します。

概算保険料の計算では、賃金総額の見込額が直前の保険年度の賃金総額の100分の50以上100分の200以下であるときは、直前の保険年度の賃金総額を使います。

②労災保険率

54業種で、1000分の2.5 〜 1000分の88。

（概算保険料、確定保険料とも、対応する保険年度に適用される労災保険率を用います）

(2) 雇用保険に係る保険料

雇用保険は、会社と社員で負担します。毎月の給与計算事務のところで見たように、毎月の給与から雇用保険料を徴収しますが、国に納める保険料は年1回まとめて納付することになります。

①雇用保険に加入している全労働者の
賃金総額の見込額（確定額）

②雇用保険料率

①全労働者の賃金総額の見込額（確定額）

全労働者とは一般社員だけでなく、役員でも労働者扱いになる人（兼務役員）やアルバイト・パートタイマー等も含まれますが、1週20時間未満の労働時間の人などで、雇用保険の被保険者ではない人の賃金は除外されます。

確定保険料の計算では支払いの確定した賃金総額を用います。また、賃金総額に1000円未満の端数が出たときは切り捨てて計算します。

概算保険料の計算では、賃金総額の見込額が直前の保険年度の賃金総額の100分の50以上100分の200以下であるときは直前の保険年度の賃金総額を使います。

②雇用保険の保険料率

業種	雇用保険率
一般	15.5/1000
農林水産・清酒製造	17.5/1000
建設	18.5/1000

● 賃金とは ……………………………………………………………

賃金とするもの		賃金としないもの	
基本賃金	時間給・日給・月給・臨時・日雇労働者・パート・アルバイトに支払う賃金	役員報酬	取締役等に対して支払う報酬
賞与	夏季・年末などに支払うボーナス	結婚祝い金 死亡弔慰金 災害見舞金 年功慰労金 勤続報奨金 退職金	就業規則・労働協約等の定めがあるとないとを問わない
通勤手当	課税分、非課税分を問わない		
定期券・回数券	通勤のために支給する現物給与		
超過勤務手当 深夜手当等	通常の勤務時間以外の労働に対して支払う残業手当等	出張旅費 宿泊費	実費弁償と考えられるもの
扶養手当 子供手当 家族手当	労働者本人以外の者について支払う手当	工具手当 寝具手当	労働者が自己の負担で用意した用具に対して手当を支払う場合
技能手当 特殊作業手当 教育手当	労働者個々の能力、資格等に対して支払う手当や、特殊な作業に就いた場合に支払う手当	休業補償費	労働基準法第76条の規定にもとづくもの。法定額60%を上回った差額分を含めて賃金としない
調整手当	配置転換・初任給等の調整手当	傷病手当金	健康保険法第99条の規定にもとづくもの
地域手当	寒冷地手当・地方手当・単身赴任手当等	解雇予告手当	労働基準法第20条にもとづいて労働者を解雇する際、解雇日の30日以前に予告をしないで解雇する場合に支払う手当
住宅手当	家賃補助のために支払う手当		
奨励手当	精勤手当・皆勤手当等		
物価手当 生活補給金	家計補助の目的で支払う手当	財産形成貯蓄等のため事業主が負担する奨励金等	勤労者財産形成促進法にもとづく勤労者の財産形成貯蓄を援助するために事業主が一定の率または額の奨励金を支払う場合（持株奨励金など）
休業手当	労働基準法第26条にもとづき、事業主の責に帰すべき事由により支払う手当		
宿直・日直手当	宿直・日直等の手当	会社が全額負担する生命保険の掛け金	従業員を被保険者として保険会社と生命保険等厚生保険の契約をし、事業主が保険料を全額負担するもの
雇用保険料 社会保険料等	労働者の負担分を事業主が負担する場合		
昇給差額	離職後支払われた場合で在職中に支払いが確定したものを含む	持家奨励金	労働者が持家取得のため融資を受けている場合で事業主が一定の率または額の利子補給金等を支払う場合
前払い退職金	支給基準・支給額が明確な場合は原則として含む		
その他	不況対策による賃金からの控除分が労使協定にもとづき遡って支払われる場合の給与	住宅の貸与を受ける利益（福利厚生施設として認められるもの）	住宅貸与されない者全員に対し（住宅）均衡手当を支給している場合は、賃金となる場合がある

●年度更新の具体例……………………………………

平成商会は、平成元年4月1日設立の文具の販売を行なう会社で、全員雇用保険に加入しています。平成商会の賃金総額等は次の表のようになっています。令和5年度の概算保険料と確定保険料、令和6年度の概算保険料額を計算してみましょう。

	賃金総額
令和5年度見込額	3500万円
令和5年度実績額	4000万円
令和6年度見込額	9000万円

　まず、令和5年度の労災保険と雇用保険それぞれの保険料率を確認しましょう。労災保険では卸売業・小売業に該当し、3/1000です。雇用保険は一般の事業で、15.5/1000です。

令和5年度の概算保険料額の計算

①労災保険に係る保険料額

3500万円　×　3/1000　=　10万5000円

②雇用保険に係る保険料額

3500万円　×　15.5/1000　=　54万2500円

③令和5年度の概算保険料額

①＋②　=　64万7500円

令和５年度の確定保険料額

①労災保険に係る保険料額

4000万円　×　3/1000　＝　12万円

②雇用保険に係る保険料額

4000万円　×　15.5/1000　＝　62万円

③令和５年度の確定保険料額

①＋②　＝　74万円

一般拠出金

　一般拠出金は、1000分の0.02となっています。

4000万円× 0.02/1000 ＝ 800円

令和６年度の概算保険料額

①労災保険に係る保険料額

　賃金総額の見込額が前年度の２倍を超えているため見込額である9000万円をベースに計算します（２倍を超えていない場合は、令和５年度の確定額がそのまま令和６年度の概算額になります）。

9000万円　×　3/1000　＝　27万円

令和5年度賃金総額
4000万円

令和6年度賃金総額見込額　**9000万円**

◀ 2倍以上 ▶

②雇用保険に係る保険料額

$$9000 万円 × 15.5/1000 = 139 万 5000 円$$

③令和6年度の概算保険料額

$$①+② ＝ 166 万 5000 円$$

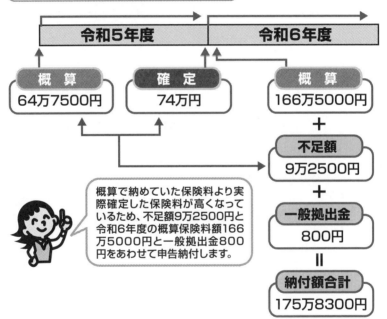

令和6年度に申告納付する額

令和5年度		令和6年度
概 算	確 定	概 算
64万7500円	74万円	166万5000円

＋

不足額
9万2500円

＋

一般拠出金
800円

＝

納付額合計
175万8300円

概算で納めていた保険料より実際確定した保険料が高くなっているため、不足額9万2500円と令和6年度の概算保険料額166万5000円と一般拠出金800円をあわせて申告納付します。

届出 7 　労働保険　概算・確定保険料申告書

●手続きが必要な場合

毎年、労働保険料の申告納付が必要

●用意する書類

□労働保険概算・確定保険料申告書

●どこへ

所轄の都道府県労働基準局、日本銀行（金融機関、郵便局）、労働基準監督署のいずれか

●いつまで

毎年6月1日〜7月10日

前年度の概算保険料額と確定保険料額とを比較して、

・前年度の概算保険料額＞確定保険料額のとき

還付してもらうこともできます（還付請求書の提出が必要）が、通常は、払い過ぎた額を本年度の概算保険料額から控除して相殺します。

・前年度の概算保険料額＜確定保険料額のとき

不足額を本年度の概算保険料額とあわせて納付します。

7月～9月の事務カレンダー

7月

日	月	火	水	木	金	土
	1	2	3	4	5	6
7	8	9	10	11	12	13
14	15	16	17	18	19	20
21	22	23	24	25	26	27
28	29	30	31			

税 ～7/10　6月分の源泉所得税・特別徴収住民税の支払い
～7/10　1月～6月までの源泉所得税の納付

社 6/3～7/10　労働保険料の申告・納付
～7/31　6月分の社会保険料の支払い
4月に昇給した人の社会保険料の改定手続き
賞与支給日から5日以内　被保険者賞与支払届
7/1～7/10　報酬月額算定基礎届

イベント ボーナス（賞与）の支給

8月

日	月	火	水	木	金	土
				1	2	3
4	5	6	7	8	9	10
11	12	13	14	15	16	17
18	19	20	21	22	23	24
25	26	27	28	29	30	31

税 ～8/13　7月分の源泉所得税・特別徴収住民税の支払い

社 ～9/2　7月分の社会保険料の支払い

9月

日	月	火	水	木	金	土
1	2	3	4	5	6	7
8	9	10	11	12	13	14
15	16	17	18	19	20	21
22	23	24	25	26	27	28
29	30					

税 ～9/10　8月分の源泉所得税・特別徴収住民税の支払い

社 ～9/30　8月分の社会保険料の支払い

7月から9月までの事務

　多くの会社で年2回のボーナスが支給されている。その中でも7月と12月にボーナスを支払う会社が多い。ボーナスを支払うとその中から社会保険料や所得税などを控除する事務が発生する。また、4月に昇給した社員の社会保険料のベースとなる給与の変更の手続き（報酬月額変更届）が必要になる。

　7月になると、10日までに社会保険料の計算のベースとなる給与の決定の手続き（報酬月額算定基礎届）が発生する。社会保険料は事務の簡素化のために年間の保険料算定のベースとなる給与（標準報酬月額）を決めておいて、大きく変動した場合には随時改定するしくみをとっている。

　また、労働保険料の申告・納付手続きを毎年7月10日までに行なわなければならない。

この季節のテーマ

①賞与計算

　ボーナスから控除する社会保険料の料率は月々に支払う給与のものと同じである。雇用保険料の控除についても各月と同じ割合になっている。

②報酬月額の算定

　9月から翌年の8月までの1年間に給与から控除する社会保険料のベースとなる、報酬月額を決定する手続きである。4月、5月、6月の3か月に支払った給与をベースに決定される。

ボーナス（賞与）の計算

ボーナスは、会社によって支給月も支給額も異なっています。ボーナスの支給時期や支給基準については、一般的には賃金規程等で規定されています。

●賞与からの控除……………………………………

①健康保険・介護保険・厚生年金保険の保険料

実際に支払われた賞与額から 1000 円未満を切り捨てた額を「標準賞与額」とし、その「標準賞与額」に各保険の保険料率を掛けた額となります。健康保険は各都道府県の保険料率（東京都は 1000 分の 99.8）、介護保険は 1000 分の 16、厚生年金保険は 1000 分の 183 を徴収することになります。

給与および賞与に関する保険料は、会社と被保険者（社員）が折半で負担します。

> 健康保険の保険料＝標準賞与額[※1]　×　各都道府県の保険料率[※2]

> 介護保険の保険料＝標準賞与額[※1]　×　16/1000

> 厚生年金保険の保険料＝標準賞与額[※1]　×　183/1000

※1　賞与額は、厚生年金保険は 150 万円（1 か月当たり）、健康保険、介護保険は 573 万円（年度累計）を上限とします。これ以上は保険料が変わりません。
※2　組合管掌の会社は、加入する健康保険組合の保険料率で計算します。

②雇用保険料

賞与の額に 1000 分の 6 （一般の事業）を掛けて計算します。

賞与支払明細書
（2024 年 7 月）

支給額	賞与			500	000
	課税合計			500	000
	非課税額合計				
	支給額合計			500	000
控除額	健康保険料			24	950
	介護保険料※1			4	000
	厚生年金保険料			45	750
	雇用保険料			3	000
	社会保険料合計			77	700
	課税対象額			**422**	**300**
	所得税			8	623
	控除額合計			86	323
	差引支給額			**413**	**677**

※ 該当者は賞与からも介護保険料が徴収されます。

③源泉所得税

　　賞与から源泉徴収する所得税は、通常の場合には「賞与に対する源泉徴収税額の算出率の表」を使って次のように計算します。

---

① 前月の給与から社会保険料等を差し引きます。
② ①の金額を「賞与に対する源泉徴収税額の算出率の表」に当てはめて税率を求めます。
③ （社会保険料等控除後の賞与額）×②の税率。この金額が、賞与から源泉徴収する税額になります。

賞与支給額	500,000 円
社会保険料等控除後の賞与額	422,300 円
前月の社会保険料等控除後の給与の額	261,679 円
扶養親族等の数	3 名
税率	2.042%

■賞与に対する源泉徴収税額の算出率の表

賞与の金額に乗ずべき率	甲								乙		
	扶 養 親 族 等 の 数										
	0 人		1 人		2 人		3 人		4 人	7 人以上		前月の社会保険料等控除後の給与等の金額
	前月の社会保険料等控除後の給与等の金額										
	以上	未満	以上	未満	以上	未満	以上	未満	以上	未満	以上	未満
% 0	千円 68 千円未満		千円 94 千円未満		千円 133 千円未満		千円 171 千円未満		千円 210 千円	千円 308 千円未満		千円 千円
2.042	68	79	94	243	133	269	171	295	210	308	372	
4.084	79	252	243	282	269	312	295	345	300	372	456	
6.126	252	300	282	338	312	369	345	398	378	456	502	
8.168	300	334	338	365	369	393	398	417	424	502	523	222 千円未満
10.210	334	363	365	394	393	420	417	445	444	523	545	
12.252	363	395	394	422	420	450	445	477	470	545	571	

所得税額	422,300 円 × 2.042% = 8,623 円（1 円未満切り捨て）

●特別な賞与支払いのケース……………………………

（1）前月の給与の金額の 10 倍を超える賞与を支払う場合

① 　（賞与から社会保険料を差し引いた金額）× 1/6

② 　①＋（前月の給与から社会保険料を差し引いた金額）

③ 　②の金額を給与所得の源泉徴収税額表（月額表）に当てはめて税額を求めます。

④ 　③－（前月の給与に対する源泉徴収税額）

⑤ 　④× 6

　　この金額が賞与から源泉徴収する税額になります。

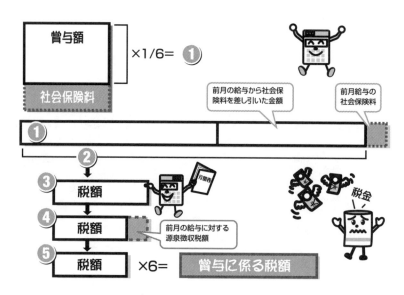

（2）前月に給与を支払っていない場合

① 　（賞与から社会保険料を差し引いた金額）× 1/6

② 　①の金額を給与所得の源泉徴収税額表（月額表）に当てはめて税額を求めます。

③ 　②× 6

　　この金額が賞与から源泉徴収する税額になります。

(注)賞与の計算期間が半年を超える場合には、賞与から社会保険料を差し引いた金額を1/12にして、同じ方法で計算します。そして、求めた金額を12倍したものが源泉徴収する税額になります。

●手続きが必要な場合

賞与を支払ったとき

●用意する書類（※）

□健康保険・厚生年金保険　被保険者賞与支払届

●どこへ

事務センター（年金事務所）または健康保険組合

●いつまで

賞与を支払った日から5日以内

標準報酬月額の決定

●定時決定の意味……………………………………

　社員（被保険者）が受ける給与は、昇給や降給、残業等により、変動することがあります。社会保険では、事務作業の効率化を図って、4月、5月、6月の給与（報酬）をベースにして、年1回すべての被保険者について標準報酬月額の見直しを行なうことになっています。

●対象者……………………………………………………

　7月1日現在の被保険者が対象となります。

対象者	●7月1日現在、被保険者の人（注1）
対象とならない人	●6月1日から7月1日までに被保険者資格を取得した人（注2） ●6月30日までに退職した人 ●随時改定、産前産後休業、育児休業を終了した際の改定により、7月～9月の間に標準報酬月額の変更が予定されている人（注3）

(注1)休職者や海外勤務者、7月、8月に退職予定の人も7月1日に在籍していれば(被保険者であれば)対象となります。
(注2)この人は、入社時に決定した標準報酬月額を、変更がない限り翌年の定時決定まで使います。
(注3) 4月、5月、6月に固定的賃金の変動(昇給・降給)があった人です。

●定時決定の事務手続き………………………………

　4月～6月の給与（報酬）の平均額を計算して、これを標準報酬月額の等級に当てはめて、新しい標準報酬月額を社員ごとに決定します。ただし、給与の支払いの基礎となった日数が17日未

満の月は通常支払う額の給与額と異なるため除きます。

① 　4月〜6月の社員ごとの給与（報酬）平均額を計算します。給与に含まれるのは、社員（被保険者）に支給したものすべてとなります。ただし、恩恵的に支給されるものは除きます。

通貨によるもの	現物によるもの
基本給、残業手当、役付手当、住宅手当、家族手当、通勤手当、年4回以上支払った賞与など	食事、衣類、住宅、通勤定期券など

② 　賞与を年4回以上支払っているときは、7月1日前の1年間に支払った賞与の総額の12分の1を4月〜6月の給与にそれぞれ加算します。

③ 　通勤定期券を支給しているときは、通勤定期券の各月該当分を4月〜6月の給与にそれぞれ加算します（例：6か月定期支給の場合は6分の1）。

④ 　給与（報酬）支払いの基礎になった日数が17日未満の月があるときは、その月は非該当として計算上除きます。3か月とも非該当のときは、従前の標準報酬月額で決定します。

Ⅰ 　報酬支払基礎日数が17日（★）未満の月がある場合

5月の報酬支払基礎日数が17日（★）未満の場合は、その月（5月）は除外して、4月と6月の2か月間に受けた報酬の総額を2で除して得た額をベースとします。

（★）短時間労働者（いわゆる4分の3基準を満たさない短時間労働者をいう。以下同じ）である被保険者にあっては「11日」とします。次ページ以降についても同様です。

5月、6月の2か月間に受けた報酬の総額をその月数(2)で除して得た額をベースにします。

給与（報酬）支払基礎日数

月給制の場合は、暦日数となります（4月＝30日、5月＝31日、6月＝30日。ただし月給制で前月分を翌月に支払っている場合は、暦日数は、4月＝31日、5月＝30日、6月＝31日となります）。時給制や日給制の場合は、実際に出勤した日数と有給休暇の日数の合計です。

月給制で前月分を翌月に支払っている場合

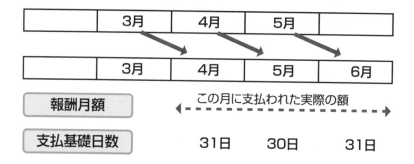

定時決定の有効期間

定時決定による標準報酬月額は、その年の9月から翌年8月までの1年間適用され、新しい標準報酬月額に基づいた保険料は、10月末納付の9月分からとなります。

届出9　健康保険・厚生年金保険　被保険者報酬月額算定基礎届

●手続きが必要な場合

7月1日現在、社員（被保険者）が在籍している場合。全員を対象にして、4月〜6月の給与平均額から新しい標準報酬月額を社員ごとに決定する

●用意する書類

□健康保険・厚生年金保険　被保険者報酬月額算定基礎届

●どこへ

事務センター（年金事務所）または健康保険組合

●いつまで

毎年7月1日〜7月10日

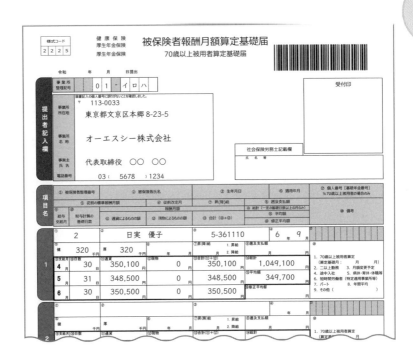

標準報酬月額の変更

●随時改定……………………………………………

　4月の給与から昇給が行なわれる会社が多くあります。このように、社員（被保険者）の給与が変動したときに、今までの標準報酬月額をそのままにしておくと、給与の額に見合わない保険料が徴収され続けることになります。そこで、このようなときは標準報酬月額を改定する手続きが行なわれます。これを「随時改定」といいます。随時改定は、次のいずれも満たした場合に行なわれます。

> ①　固定的賃金に変動があった。または給与体系の変更があった
>
> ②　変動があった月から継続した3か月間の報酬支払基礎日数がいずれも17日（★、171ページ）以上（注）ある
>
> ③　昇給または降給によって算定した額による標準報酬月額の等級と現在の等級との間に、原則として2等級以上の差を生じた

(注)月給制の場合は暦日数（欠勤控除がある場合は、就業規則等にもとづき事業所が定めた日数から欠勤日数を差し引いた日数）で17日（★）以上、日給・時給の場合は実際の出勤日数で17日（★）以上あることが必要です。

①固定的賃金

　月単位などで継続して支給される一定額の給与や手当をいいます。

固定的賃金	基本給、役付手当、家族手当、通勤手当等
非固定的賃金	残業手当、宿日直手当、皆勤手当等

3月	固定的賃金	非固定的賃金		3か月間の給与の平均額に2等級以上の差が生じる
4月	固定的賃金	非固定的賃金	
5月	固定的賃金	非固定的賃金	
6月	固定的賃金	非固定的賃金	
7月	固定的賃金	非固定的賃金		4か月目から新等級に改定
8月	固定的賃金	非固定的賃金	

2等級以上の差

3月までの
標準報酬月額26万円
健保20（厚年17）等級

合計　894,000円
平均　298,000円　　健保22（厚年19）等級　30万円

	支払基礎日数	固定的賃金	非固定的賃金	合　計
3月	31日	260,000円	5,000円	265,000円
4月	30日	280,000円	20,000円	300,000円
5月	31日	280,000円	19,000円	299,000円
6月	30日	280,000円	15,000円	295,000円

②継続した３か月間

　社員（被保険者）が現に使用されている会社で、給与（報酬）の支払基礎日数が17日（★）以上の月が３か月間継続していることが必要です。

③２等級以上の差

　標準報酬月額には上限・下限があるため、大幅に報酬が変わっても２等級の差が出ないこともあります。そのため固定的賃金の変動月以後引き続く３か月の報酬月額の平均額により、１等級の差であっても随時改定の対象になる場合があります。

④随時改定の有効期間

　随時改定により改定された標準報酬月額は、原則として、その年の８月（７月から12月までのいずれかの月より改定されたものは、原則として翌年の８月）までの標準報酬月額とします。

○ 固定的賃金に変動がある月は、昇給・降給した社員を
チェックしておく必要があります。
○ 固定的賃金の変動がわずかでも、残業手当等の非固定
的賃金を含めて2等級以上の差が生じると随時改定の
対象になります。

ベテランの
知恵袋

届出 10 健康保険・厚生年金保険 被保険者報酬月額変更届

●手続きが必要な場合

基本給などの固定的賃金に変動があった場合に、その月から継続して3か月
間の平均給与額の標準報酬月額と従前の標準報酬月額に原則として2等級
以上の変動が生じたとき

●用意する書類

□健康保険・厚生年金保険 被保険者報酬月額変更届

●どこへ

事務センター（年金事務所）または健康保険組合

●いつまで

変動月以降3か月経過後、すみやかに

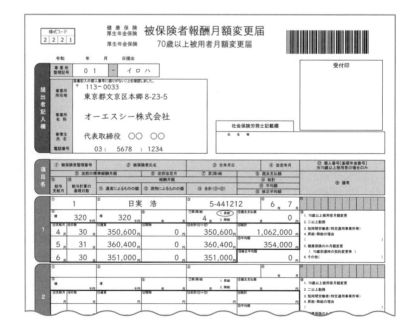

届出の
ツボ

1月に昇給したのに昇給分の支給が遅れ、2月分の給与と一緒に昇給差額が支払われたような場合は、固定的賃金の変動は2月からと考え、2月・3月・4月を対象月として5月に届出を行ないます（報酬月額の計算では、一緒に支払われた昇給差額は差し引きます）。

●産前産後休業、育児休業を終了した際の改定…

　産前産後休業、育児休業終了時に報酬が下がった場合には、随時改定に該当しなくても、申出により標準報酬月額を改定することができます。これにより、被保険者は産前産後休業、育児休業終了後は保険料の負担を軽くすることができます。たとえば1月21日に育児休業を終了して職場に復帰したとすると、下図のようになります。

☀育児休業終了時の改定の例☀

休業が終了した日の翌日が属する月

休業が終了した日の翌日から2か月経過した日が属する月

| 1月 | 2月 | 3月 | 4月 | 5月 | 6月 | 7月 | 8月 | 9月 | … |

ここから新しい標準報酬月額が適用される

その年の8月まで

$$\frac{\text{この期間に支払われた報酬の総額}}{\text{この期間の月数}} = \text{育児休業終了時の新しい報酬月額}$$

※2等級以上の差がなくても改定されます。
※報酬支払いの基礎となった日数が17日（★、171ページ）未満の月がある場合には、その月を除いて算定します。

10月～12月の事務カレンダー

10月

日	月	火	水	木	金	土
		1	2	3	4	5
6	7	8	9	10	11	12
13	14	15	16	17	18	19
20	21	22	23	24	25	26
27	28	29	30	31		

税 ～10/10　9月分の源泉所得税・特別徴収住民税の支払い

社 ～10/31　9月分の社会保険料の支払い
毎月の給与から控除する厚生年金保険料の変更

11月

日	月	火	水	木	金	土
					1	2
3	4	5	6	7	8	9
10	11	12	13	14	15	16
17	18	19	20	21	22	23
24	25	26	27	28	29	30

税 ～11/11　10月分の源泉所得税・特別徴収住民税の支払い

社 ～12/2　10月分の社会保険料の支払い

イベント ボーナス（賞与）の査定

12月

日	月	火	水	木	金	土
1	2	3	4	5	6	7
8	9	10	11	12	13	14
15	16	17	18	19	20	21
22	23	24	25	26	27	28
29	30	31				

税 ～12/10　11月分の源泉所得税・特別徴収住民税の支払い
年末調整事務

社 ～1/6　11月分の社会保険料の支払い
賞与支給日から5日以内　被保険者賞与支払届

イベント ボーナス（賞与）の支給

10月から12月までの事務

　10月には、7月の定時決定による標準報酬月額に基づいた新しい社会保険料を、給与から控除する。社会保険料は、前月分を今月の給与から控除することになっているため、9月に改定された保険料を10月の給与から控除することになるわけだ。

　12月は、事務担当者にとってもっとも忙しい月になる。11月までの月々の給与や賞与から控除してきた所得税の過不足を調整する、年末調整という事務が発生する。年末調整では各社員から提出してもらう資料も多いため、11月の段階で計画的に準備しておく必要がある。また、12月に冬の賞与を支給する会社も多い。これらの事務がまとまって発生するため、よほど段取りを整えておかないと辛い1か月になってしまう。

この季節のテーマ

①年末調整の準備
　12月の年末調整に向けた事前の準備手続きは重要だ。準備をせずに年末調整に突入すると大変な事態になる。

②年末調整
　12月に支払う給与や賞与で1年間の合計所得が確定する。この所得に対して課される所得税と、月々源泉徴収してきた所得税の精算手続きを行なう。1年間の事務の中でももっとも重要な事務である。

「定額減税」の年末調整

令和6年は「定額減税」が実施されます。

㊟本編では、恒常的に適用される規定を説明しています。令和6年においては、臨時的に、年末調整に定額減税に関する事務が加わります（詳しくは239ページ「所得税の定額減税」を参照）。

年末調整の下準備①
年末調整は、なぜ必要か

● 年末調整の意味 ……………………………………………

　これまで、毎月の給与計算や賞与の計算の過程で「源泉徴収税額表」により、所得税を計算し納付してきました。所得税は、1月から12月までの1年間の所得を基準として課せられる税金で、12月に支給される給与もしくは賞与の支払いが終わらないと、年間の正確な税金の額は確定しません。

　そこで、その年の最終給与または賞与支払後、これまで見込みで納付していた所得税と実際の税額との精算手続きを行ないます。実務的には年内に最終の給与、賞与支払時にすべて精算してしまうやり方が一般的です。このように、年末に税額の調整を行なうという意味から、この手続きは「年末調整」と呼ばれているのです。

● 精算が必要な理由 ……………………………………………

　毎月の給与や賞与から所得税を徴収しているにもかかわらず、なぜ調整が必要なのか、もう少し具体的に説明しましょう。

①控除対象扶養親族に変動があった

　控除対象扶養親族の数は、基本的にその年の最後にいた人を基準とすることになっています。年の途中で控除対象となる扶養親族に変動があった場合は、本人からの申告により、変動を給与計算に反映させます。

　結婚や就職などで年の途中から変動があった場合も、1年を通じて見ると税額が異なってくることになるので調整が必要になる

のです。

　ただし、その年中に控除対象扶養親族が死亡した場合は、扶養の対象に含めます。

②毎月の源泉徴収では控除されないものがある

　生命（地震）保険料等の所得控除や、住宅ローン等の控除については、毎月の源泉徴収では考慮されていません。

コラム

年末調整の意味を理解するために

　本書では年末調整を紙の申告書を使って行なう方法で解説しています。

　ただ、近年では気軽に導入できる様々な年末調整システム（ソフトウェア）が市販されており、さらに令和2年の年末調整からは、国税庁からも「年末調整控除申告書作成用のソフトウェア（年調ソフト）」が無償で提供されています。

　こうしたソフトを使うと、従業員の計算ミスや申告に関する問い合わせが減るなど、人事担当者の負担を削減するメリットがたくさんあります。

　しかし、ソフトで計算を行なう際も、紙で申告する内容がベースになっています。年末調整の意味を理解するうえでも、申告書類の内容に沿った年末調整計算ができるようになることが重要です。

　また、保険会社等から紙の控除証明書等のかわりに電子データ（電子的控除証明書等）で交付されることがあります。年調ソフトを使用している場合は電子データで提出できますが、会社が紙により年末調整を行なう場合は、従来どおりの紙の控除証明書か、国税局提供の「QRコード付証明書等作成システム」を利用して、電子的控除証明書等を書面で出力して提出してもらいましょう。

年末調整の下準備②
年末調整の時期と対象者

●年末調整の時期……………………………………………

　年末調整は、原則としてその年の最後の給与支給日に行ないます。したがって、通常は12月に行なうことになります。ただし、12月にまず給与が支給され、その後で賞与が支給される場合は、その賞与を支払う際に年末調整を行なっても差し支えないとされています。

　その他のイレギュラーな時期に年末調整を行なうケースは、次の通りです。

年末調整の対象となる人	年末調整を行なう時期
① 年の途中で死亡退職した場合	退職のとき
② 著しい心身の障害のため、年の途中で退職した場合（注1）	
③ 12月中に支払期の到来する給与の支払いを受けた後に退職した場合	
④ パートタイマーとして働いている人等で、年の途中で退職した場合（注2）	
⑤ 年の途中で非居住者になった場合（注3）	非居住者となったとき

（注1）退職の時期から、その年中に再就職ができないと見込まれる人
（注2）その年中に支払いを受ける給与の総額が103万円以下である人（その年に他の勤務先から給与の支払いを受けると見込まれる人を除く）
（注3）1年以上の予定で国内に住所や居所を有しない人

●年末調整の対象者……………………………………………

　年末調整は、原則として、会社に「給与所得者の扶養控除等（異動）申告書」を提出している人全員について行ないます。

年末調整の対象となる人	年末調整の対象とならない人
「給与所得者の扶養控除等（異動）申告書」を提出した人で、 ①1年を通じて勤務している人 ②年の途中で就職し、年末まで勤務している人 ③年の途中で退職した人のうち、 　・死亡したことにより退職した人 　・著しい心身の障害のために退職した人で、その時期から見て、その年中に再就職ができないと見込まれる人 　・12月中に支払期がくる給与の支払いを受けた後に退職した人 　・パートタイマーで働いていた人で、今年中に支払いを受ける給与総額が103万円以下である人（前ページ注2参照） ④年の途中で海外の支店へ転勤したことなどの理由により、非居住者となった人	①年末調整する人のうち、年間の給与等の総額が2000万円を超えた場合 ②「給与所得者の扶養控除等（異動）申告書」を年末調整までに提出していない人（乙欄適用者） ③年の途中で退職した人で、左欄の③にあたらない人 ④災害により、その年中の給与所得者に対する源泉所得税の徴収猶予または還付を受けた人 ⑤非居住者（左欄の④以外） ⑥継続して同一の雇用主に雇用されない日雇労働者など（丙欄適用者）

ベテランの知恵袋

年末調整の案内と一緒に送られてくる「年末調整のしかた」という冊子は大変役に立つので、必ず保存し、よく読むように心がけましょう。初歩的な疑問はたいてい解決します。この冊子は11月頃に送られてきますが、国税庁のホームページでは9月頃に公開されます。早めにダウンロードして変更点などを確認しておくようにしましょう。

●年末調整の対象者から集める資料………………

　年末調整は、毎月の源泉徴収で考慮されていない各種控除や、扶養親族の異動等を反映させる手続きともいえます。これらの情報は各社員から提出してもらう申告書によって確認します。

　12月になってあわてないためにも、早めに各社員に申告書等の提出物を案内し、11月の終わりまでには回収しましょう。

●回収が必要な書類………………………………

　①令和6年分給与所得者の扶養控除等（異動）申告書（書式見本は195ページ参照）

　　毎年1月の給与の支払いまでに提出を受けているものですが、12月までに扶養親族等に変動があった場合は訂正し、提出してもらいます。

　②令和6年分給与所得者の基礎控除申告書兼給与所得者の配偶者控除等申告書兼年末調整に係る定額減税のための申告書兼所得金額調整控除申告書

　㊟令和6年は臨時的に上記のとおりですが、例年は「給与所得者の基礎控除申告書兼給与所得者の配偶者控除等申告書兼所得金額調整控除申告書」という名称です。

　③令和6年分給与所得者の保険料控除申告書

　　生命（地震）保険料控除等を受ける場合は提出してもらいます。

　④令和6年分住宅借入金等特別控除申告書（対象者のみ）

●申告書の用紙はどこで入手するのか……………

　・令和7年分給与所得者の扶養控除等（異動）申告書

　・令和6年分給与所得者の基礎控除申告書兼給与所得者の配偶者控除等申告書兼年末調整に係る定額減税のための申告書兼所得金額調整控除申告書

　・令和6年分給与所得者の保険料控除申告書

　　税務署の説明会に参加するともらえますが、説明会の少し前に

は各税務署に用意されているので、どうしても早く入手したい場合は所轄税務署に配布時期を電話で問い合わせておくとよいでしょう。人数分をもらいますが、令和7年分の「給与所得者の扶養控除等（異動）申告書」は令和7年中に入社する社員にも使用することを考慮して多めにもらうようにしましょう。数が足りなくなった場合はコピーしても使えます。また、国税庁のホームページからダウンロードすることもできます。

・源泉徴収票

　個人番号（マイナンバー）または法人番号については、税務署提出用には記載しますが、受給者交付用には記載しませんので注意が必要です。

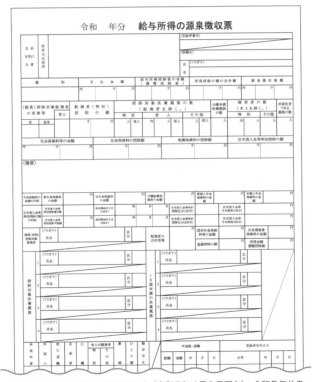

※令和6年分の様式が未確定なため（令和6年4月1日現在）、令和5年分の様式を使用しています。

年末調整の下準備③
関係書類の配布と回収

●配布と回収についての注意点……………………

　配布する「令和7年分給与所得者の扶養控除等（異動）申告書」や「令和6年分給与所得者の保険料控除申告書」「令和6年分給与所得者の基礎控除申告書兼給与所得者の配偶者控除等申告書兼所得金額調整控除申告書」の会社名と住所の欄にはまとめてゴム印を押しておきましょう。あらかじめ前年の申告書に基づいて印字をしたものを渡し、訂正箇所に朱入れする方法をとっている会社もあります。望ましい方法としては、

① 「令和6年分給与所得者の扶養控除等（異動）申告書」（前年末に記入）

② 「令和7年分給与所得者の扶養控除等（異動）申告書」（未記入）

③ 「令和6年分給与所得者の基礎控除申告書兼給与所得者の配偶者控除等申告書兼年末調整に係る定額減税のための申告書兼所得金額調整控除申告書」（未記入）

③令和6年は臨時的に上記のとおりですが、例年は「給与所得者の基礎控除申告書兼給与所得者の配偶者控除等申告書兼所得金額調整控除申告書」という名称です。

④ 「令和6年分給与所得者の保険料控除申告書」（未記入）

の4枚をセットにして渡し、①に訂正を入れてもらい、③④と一緒に3枚回収します。②はあくまで翌年使うものなので、本来は年明けに回収しますが、全員一定の時期に提出してもらうほうが担当者の手間は省けるので、一緒に回収してしまう会社がほとんどです。配偶者の欄に自分を記入してしまうような単純な間違いが多いので、上記のセットに次ページのような説明文をつけて渡すと、担当者への問い合わせや、単純な間違いが少なくなるはずです。

年末調整についてのお願い

年末調整とは

年間の給与総額をもとに正しい年税額を計算したものと
その年中に給与から天引きされている所得税との合計を
比較し、過不足を精算する手続きをいいます。

年末調整の対象者

① 1年を通じて勤務している人
② 年の中途で就職し、年末まで勤務している人
③ 12月の給与支払いを受けた後、退職する人

必要な手続き（記入書類）

①給与所得者の扶養控除等（異動）申告書の記入
　　年末調整できるのは、給与所得者の扶養控除等（異動）申告書を提出した人だけ
です。ここに記載された情報をもとに処理しますので、扶養している方の名前や生
年月日は正確に記入してください。

**②給与所得者の基礎控除申告書兼給与所得者の配偶者控除等申告書兼年末
調整に係る定額減税のための申告書兼所得金額調整控除申告書の記入**
　　基礎控除申告書の欄には全員記入してください。配偶者については、条件と所得額
によって配偶者控除もしくは段階的に配偶者特別控除が受けられます。収入金額か
ら必要経費等を差し引いた額を記入してください。所得金額調整控除申告書には、
年収850万円以上で、申告書記載の「要件」に該当する人は記入してください。

③給与所得者の保険料控除申告書の記入
　　保険料控除については、保険会社から「保険料控除証明書」が送られてきますので、
それを添付してください。

こんなときには

①中途採用の方
　　前職の源泉徴収票を必ず提出してください。

②住宅を取得した場合
　　最初の年は確定申告をしてください。前年以前に確定申告をしている方には、税
務署から本人に申告書がまとめて送付されています。令和5年分（本年分）の（特
定増改築等）住宅借入金等特別控除申告書を提出してください。申告する場合は
借入金の年末残高等証明書を添付してください。

**③本年中に支払った国民健康保険・国民年金・国民年金基金の保険料（掛
金）、確定拠出年金個人型掛金は、所得から控除できます。**
　　国民年金の保険料、国民年金基金の掛金、確定拠出年金個人型掛金を控除す
る場合は、証明書類を添付してください。

所得税のしくみと給与データの整理

●所得控除と税金のしくみのおさらい……………

　所得税は、1年間の所得に課せられる税金で、所得とは収入から経費を引いたものです。サラリーマン等の給与所得者は、経費があらかじめ決められていて、これを給与所得控除といいます。これ以外にも、所得から控除できるものがあります。所得から控除できるかどうかを把握し判断する材料が、それぞれの申告書ということになります。

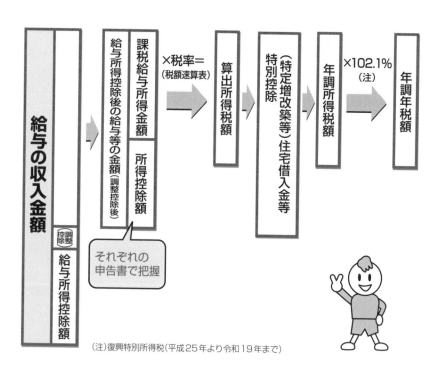

給与の収入金額

控除 調整 → 給与所得控除額

給与所得控除後の給与等の金額（調整控除後）

それぞれの申告書で把握

課税給与所得金額　所得控除額

×税率＝（税額速算表）

算出所得税額

（特定増改築等）住宅借入金等特別控除

年調所得税額

×102.1%（注）

年調年税額

（注）復興特別所得税（平成25年より令和19年まで）

●給与計算のデータの整理……………………………………

　　　給与計算ソフトを使用する場合には、所得税の源泉徴収簿に相当するデータがまとめられています。年末調整とは、毎月の給与やボーナスから控除した所得税を精算する手続きですから、12月までに支払った給与や賞与のデータをまとめておく必要があります。

区分	月区分	支給月	支給日	総支給金額	社会保険料等の控除額	社会保険料等控除後の給与等の金額	扶養親族等の数	算出税額	年末調整による過不足税額	差引徴収税額
令和6年分 給料・手当等	1	1	20	378,900	59,501	319,399	2人	5,860		5,860
	2	2	20	378,900	59,501	319,399	2	5,860		5,860
	3	3	20	378,900	59,501	319,399	2	5,860		5,860
	4	4	20	378,900	59,045	319,855	2	5,860		5,860
	5	5	19	378,900	59,045	319,855	2	5,860		5,860
	6	6	20	378,900	59,045	319,855	2	5,860		5,860
	7	7	20	378,900	59,045	319,855	2	5,860		5,860
	8	8	18	378,900	59,045	319,855	2	5,860		5,860
	9	9	20	378,900	59,045	319,855	2	5,860		5,860
	10	10	20	378,900	59,045	319,855	2	5,860		5,860
	11	11	20	378,900	59,045	319,855	2	5,860		5,860
	12	12	20	378,900	59,045	319,855	2	−	△50,488	△50,488
	計			① 4,546,800	② 709,908	3,836,892		③ 64,460		
賞与等	1	7	9	852,525	132,404	720,121		(税率 6.126 %) 44,114		44,114
	2	12	10	852,525	132,404	720,121		(税率 6.126 %) 44,114		44,114
								(税率 %)		
								(税率 %)		
	計			④ 1,705,050	⑤ 264,808	1,440,242		⑥ 88,228		

甲欄／乙欄　所属　職名　住所　〒102-0072　東京都千代田区飯田橋8−28

令和6年分 給与所得に対する源泉徴収簿　退職所得に対する源泉徴収簿等　前回しの扶養控除等の申告　年末調整

毎月の給与から控除してきた所得税です

年末調整の結果です

ボーナスから控除した所得税です

過不足額の精算のしかたには、その年の最後の給与の税額をゼロとして行なう方法と通常月と同様にいったん税額計算する方法があります。この例は前者の方法です

※令和6年の定額減税については考慮していません（定額減税についての詳細は239ページを参照）。

年末調整の流れ

●年末調整の流れはこうなる……………………………

　詳しい内容はそれぞれ後述しますが、ここで、年末調整の流れを把握しておきましょう。

①1年間の給与総額・徴収税額の確定

　12月に支払いが確定している給与や賞与の額を合計します。この時点で1年間の給与総額が確定するわけです。

②給与所得控除後の給与等の金額（調整控除後）の計算

　サラリーマン等の給与所得者の経費は「給与所得控除」という名前で、あらかじめ決められています。「年末調整等のための給与所得控除後の給与等の金額の表」により、給与総額に対応する給与所得控除後の給与等の金額を決定します。

　さらに一定の要件に該当する人は、給与所得控除後の給与等の金額から所得金額調整控除額を控除して、給与所得控除後の給与等の金額（調整控除後）を計算します。

③各種控除額の控除

　各社員に配布した申告書の内容をチェックして、給与所得控除後の給与等の金額（調整控除後）から、さらに個人の事情を加味して控除を行なっていきます。

④算出所得税額の計算

　③で計算した金額を基準として所得税が課税されることから、これを課税給与所得金額といいます。これに「所得税額の速算表」の率等を使って計算します。この時点で年間の所得税額が算出されます。

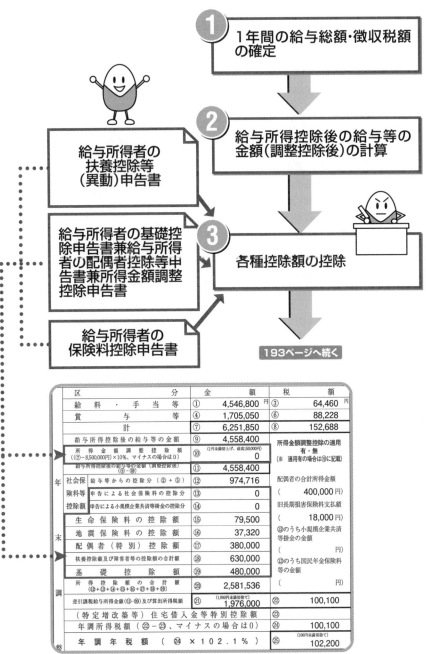

4月～6月

7月～9月

10月～12月

1月～3月

1 1年間の給与総額・徴収税額の確定

2 給与所得控除後の給与等の金額（調整控除後）の計算

給与所得者の扶養控除等（異動）申告書

給与所得者の基礎控除申告書兼給与所得者の配偶者控除等申告書兼所得金額調整控除申告書

3 各種控除額の控除

給与所得者の保険料控除申告書

区　　　　　分		金　　額		税　　額	
給　料　・　手　当　等	①	4,546,800 円	③	64,460 円	
賞　　　与　　　等	④	1,705,050	⑥	88,228	
計	⑦	6,251,850	⑧	152,688	
給与所得控除後の給与等の金額	⑨	4,558,400	所得金額調整控除の適用		
所 得 金 額 調 整 控 除 額（（⑦－8,500,000円）×10%、マイナスの場合は0）	⑩	（1円未満切上げ、最高150,000円）0	有・無（※ 適用有の場合は⑩に記載）		
給与所得控除後の給与等の金額（調整控除後）（⑨－⑩）	⑪	4,558,400			
社会保険料等控除額	給与等からの控除分（②＋⑤）	⑫	974,716	配偶者の合計所得金額	
	申告による社会保険料の控除分	⑬	0	（　　400,000円）	
	申告による小規模企業共済等掛金の控除分	⑭	0	旧長期損害保険料支払額	
生 命 保 険 料 の 控 除 額	⑮	79,500	（　　18,000円）		
地 震 保 険 料 の 控 除 額	⑯	37,320	⑫のうち小規模企業共済等掛金の金額		
配 偶 者 （ 特 別 ） 控 除 額	⑰	380,000	（　　　　　円）		
扶養控除額及び障害者等の控除額の合計額	⑱	630,000	⑬のうち国民年金保険料等の金額		
基 礎 控 除 額	⑲	480,000	（　　　　　円）		
所 得 控 除 額 の 合 計 額（⑫＋⑬＋⑭＋⑮＋⑯＋⑰＋⑱＋⑲）	⑳	2,581,536			
差引課税給与所得金額（⑪－⑳）及び算出所得税額	㉑	（1,000円未満切捨て）1,976,000	㉒	100,100	
（特定増改築等）住宅借入金等特別控除額	㉓				
年調所得税額（㉒－㉓、マイナスの場合は0）	㉔			100,100	
年 調 年 税 額 （ ㉔ × 1 0 2 . 1 % ）	㉕	（100円未満切捨て）102,200			

※令和6年の定額減税については考慮していません（定額減税についての詳細は239ページを参照）。

■各申告書を提出することによって受けられる控除

申告書	受けられる控除	
給与所得者の扶養控除等（異動）申告書	扶養控除、障害者控除、寡婦控除、ひとり親控除、勤労学生控除	
給与所得者の保険料控除申告書	生命保険料控除、地震保険料控除、社会保険料控除（申告分）、小規模企業共済等掛金控除（申告分）	
給与所得者の基礎控除申告書兼給与所得者の配偶者控除等申告書兼年末調整に係る定額減税のための申告書兼所得金額調整控除申告書	給与所得者の基礎控除申告書	基礎控除
	給与所得者の配偶者控除等申告書	配偶者（特別）控除
	年末調整に係る定額減税のための申告書	定額減税
	所得金額調整控除申告書	所得金額調整控除
（特定増改築等）住宅借入金等特別控除申告書	（特定増改築等）住宅借入金等特別控除	

⑤税額控除

　住宅借入金等、いわゆる住宅ローンの控除については、④で計算した税金からさらに税額の控除が行なわれます。

⑥年調年税額の計算

　税額控除後の年調所得税額に102.1％を乗じて年調年税額を算出します。

⑦過不足の精算

　確定した年調年税額と、すでに徴収済みの税額とを比較し、過不足が生じた場合に還付または徴収します。

ベテランの知恵袋

毎年の税金は、所得税法等関係法令の規定に基づき、控除額やその内容が決定されます。年末調整は「毎年違う」という認識をもち、細かい改正点に敏感になることが必要です。また、法改正による給与計算ソフトのバージョンアップにも、十分気を配る必要があります。給与計算ソフトについては、年間保守料を払っていれば「年末調整版」がダウンロードできるのが一般的です。

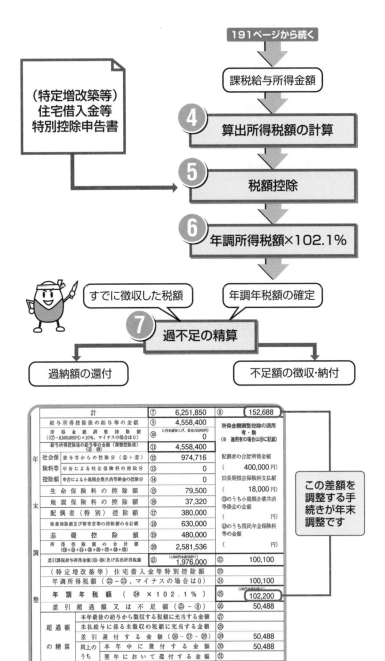

191ページから続く

課税給与所得金額

（特定増改築等）
住宅借入金等
特別控除申告書

4 算出所得税額の計算

5 税額控除

6 年調所得税額×102.1%

すでに徴収した税額　　　年調年税額の確定

7 過不足の精算

過納額の還付　　　　　　不足額の徴収・納付

計	⑦	6,251,850	⑧	152,688
給与所得控除後の給与等の金額	⑨	4,558,400	所得金額調整控除の適用 有・無（※ 適用有の場合は⑪に記載）	
所得金額調整控除額（（⑦-8,500,000円）×10%、マイナスの場合は0）	⑩	（1円未満切上げ、最高150,000円）0		
給与所得控除後の給与等の金額（調整控除後）（⑨-⑩）	⑪	4,558,400		
社会保険料等控除額 給与等からの控除分（②+③）	⑫	974,716	配偶者の合計所得金額（ 400,000円）	
申告による社会保険料の控除分	⑬	0	旧長期損害保険料支払額（ 18,000円）	
申告による小規模企業共済等掛金の控除分	⑭	0	⑬のうち小規模企業共済等掛金の金額（ 円）	
生命保険料の控除額	⑮	79,500		
地震保険料の控除額	⑯	37,320	⑬のうち国民年金保険料等の金額（ 円）	
配偶者（特別）控除額	⑰	380,000		
扶養控除額及び障害者等の控除額の合計額	⑱	630,000		
基礎控除額	⑲	480,000		
所得控除額の合計額（⑫+⑬+⑭+⑮+⑯+⑰+⑱+⑲）	⑳	2,581,536		
差引課税給与所得金額（⑪-⑳）及び算出所得税額	㉑	（1,000円未満切捨て）1,976,000	㉒	100,100
（特定増改築等）住宅借入金等特別控除額	㉓			
年調所得税額（㉒-㉓、マイナスの場合は0）	㉔	100,100		
年調年税額（㉔×102.1%）	㉕	（100円未満切捨て）102,200		
差引超過額又は不足額（㉕-⑧）	㉖	50,488		
超過額の精算 本年最後の給与から徴収する税額に充当する金額	㉗			
未払給与に係る未徴収の税額に充当する金額	㉘			
差引還付する金額（㉖-㉗-㉘）	㉙	50,488		
同上のうち 本年中に還付する金額	㉚	50,488		
翌年において還付する金額	㉛			
不足額の精算 本年最後の給与から徴収する金額	㉜			
翌年に繰り越して徴収する金額	㉝			

この差額を調整する手続きが年末調整です

※令和6年の定額減税については考慮していません（定額減税についての詳細は239ページを参照）。

6 扶養控除等（異動）申告書の確認と控除額の計算

●各申告書の回収

　年末調整の重要な基礎資料となる各申告書を回収しましょう。提出していない人には再度提出を促しましょう。人数が多い場合などは回収リストを作成し、モレのないよう管理しておきます。

　ここからは、各申告書を提出することで受けられる控除額、申告書の確認方法をみていきましょう。

●給与所得者の扶養控除等（異動）申告書のチェック

　扶養控除、障害者控除、寡婦控除、ひとり親控除、勤労学生控除は、給与所得者の扶養控除等（異動）申告書で把握します。この申告書のチェックは非常に重要です。

①本人欄のチェック

　本人欄をチェックします。障害者・ひとり親などの区分欄は特に重要です。給与計算ソフトの個人マスター情報と照らし合わせましょう。マイナンバー（個人番号）の記載についても確認します。

②住所のチェック

　令和6年分の所得に対する住民税は、基本的には令和7年1月1日の住所または居所が納付地になります。担当者は各人の該当市区町村役場へ給与支払報告書を送るので、令和7年1月1日の住所のチェックは慎重に行なわなければなりません。

③源泉控除対象配偶者欄と控除対象扶養親族欄

配偶者控除等申告書（兼用用紙）を提出している人については、「配偶者の合計所得金額」が95万円を超えている配偶者について源泉控除対象配偶者として申告していないか注意しましょう（詳しくは203ページ参照）。

控除対象扶養親族の「所得の見積額」の欄に合計所得が記入されているかについてもあわせてチェックします。16歳未満の扶養親族については、下部の「16歳未満の扶養親族」の欄に記入します。「B　控除対象扶養親族」の欄に記入されていないか、また扶養親族でも生年月日によって控除金額が変わる場合があるので正しく記載されているか、注意が必要です。

（源泉徴収簿の例）

※給与支払者が従業員等のマイナンバー（個人番号）等を記載した一定の帳簿を備えている場合には、申告書にマイナンバー（個人番号）の記載を要しないものとされています。

源泉控除対象配偶者と扶養親族についてもマイナンバーの記載を確認します。

④障害者等の欄のチェック

障害者、寡婦、ひとり親、勤労学生の区分に該当するかどうかをチェックします。

●扶養親族等の数の求め方………………………………

給与所得者の扶養控除等（異動）申告書によって、月々の給与計算や賞与計算に用いる税額表の扶養親族等の数が求められます。

ここでは、障害者等に該当するのはどういった人かということと、月々の給与計算等の際の扶養親族等の数の求め方を覚えましょう。年末調整での控除額は200ページで確認します。

●控除対象配偶者と扶養親族等の種類……………

控除対象配偶者
その年の12月31日現在、合計所得が1000万円以下の給与所得者の夫または妻で、年間の合計所得金額が48万円以下である人

源泉控除対象配偶者
その年の12月31日現在、合計所得が900万円以下の給与所得者の夫または妻で、年間の合計所得金額が95万円以下である人

同一生計配偶者
その年の12月31日現在、給与所得者の夫または妻で、年間の合計所得金額が48万円以下である人

老人控除対象配偶者
控除対象配偶者のうち、その年の12月31日現在の年齢が満70歳以上の人（昭和30年1月1日前生まれ）

控除対象扶養親族※
配偶者以外の16歳以上の親族（親族とは6親等内の血族および3親等内の姻族）で年間の合計所得金額が48万円以下である人（平成21年1月1日前生まれ）

特定扶養親族
扶養親族のうち、その年の12月31日現在の年齢が満19歳以上満23歳未満の人（平成14年1月2日～平成18年1月1日生まれ）

※国外居住親族について扶養控除の対象となるのは、次のいずれかに該当する者に限られます。①年齢16歳以上30歳未満の者、②年齢70歳以上の者、③年齢30歳以上70歳未満の者のうち、ａ留学により国内に住所および居所を有しなくなった者、ｂ障害者、ｃその居住者からその年において生活費または教育費に充てるための支払いを38万円以上受けている者のいずれかに該当する者

老人扶養親族

扶養親族のうち、その年の12月31日現在の年齢が満70歳以上の人（昭和30年1月1日前生まれ）

同居老親等

老人扶養親族のうち、所得者またはその配偶者の直系の尊属で、所得者またはその配偶者と常に同居している人

障害者

身体上の障害や精神上の障害、知的障害をもっている人で一定の要件に該当する人

特別障害者

障害者のうち障害の程度が重い人で一定の要件に該当する人

同居特別障害者

扶養親族のうち、特別障害者に該当する人で、所得者またはその配偶者と同居を常況としている人

勤労学生

大学、高校、中学、小学校などの学生・生徒で、合計所得金額が75万円以下、かつ給与所得以外の所得金額が10万円以下である人

寡婦

夫と死別または離婚してから結婚していない人のうち一定の要件に該当する人で、合計所得金額500万円以下である人（ひとり親以外）

ひとり親

現在、結婚していない、または結婚歴がない人で、その年の合計所得金額が500万円以下で、一定の要件に該当する子供がいる人

16歳未満の扶養親族

扶養親族のうち16歳未満の人（所得税の計算では扶養親族等の数に含まれない）

●控除対象配偶者、源泉控除対象配偶者、同一生計配偶者

①控除対象配偶者……年末調整において、配偶者控除の対象となる配偶者。

②源泉控除対象配偶者……毎月の給与計算において「扶養親族等の数」に含められる配偶者（年末調整において、配偶者控除の

控除額が 38 万円（老人 48 万円）となる配偶者または配偶者特別控除の控除額が 38 万円となる配偶者がこれにあたる）。

②同一生計配偶者……毎月の給与計算において、この配偶者が障害者に該当する場合には、「扶養親族等の数」に含められる。なお、同一生計配偶者のうち、他方の配偶者（給与所得者）の合計所得が 1000 万円以下であるものが、①の控除対象配偶者に該当する。年末調整においても障害者に該当する場合は控除の対象となる。

●月々の給与計算等の際の扶養親族等の数………

| 扶養親族等の数 | ➡ | 源泉控除対象配偶者と控除対象扶養親族との合計 |

本人が障害者、ひとり親など、または勤労学生に該当するとき

該当する控除ごとに扶養親族数にプラス1

同一生計配偶者、扶養親族に障害者または同居特別障害者に該当する人がいる場合

本人がひとり親で10歳の子が1人いる場合

本人(1人) ＋ 子供(0人) ＝ 1人

※本人の所得500万円以下の場合

本人に源泉控除対象配偶者がいて、19歳と15歳の子がいる場合

本人　　　配偶者(1人) ＋ 子供(1人) ＝ 2人

本人に源泉控除対象配偶者がいて、その人が同居特別障害者の場合

本人

配偶者(1人)
＋
障害者(1人)
＋
同居特別障害者(1人)

＝ 3人

※本人の所得900万円以下、配偶者の所得48万円以下の場合

●年末調整の際の扶養控除額および障害者等の控除額の合計額の計算…………………………

扶養控除額および障害者等の控除額の合計額は、扶養控除等（異動）申告書で申告された内容をもとに計算します。

　本人の基礎控除額は基礎控除申告書（兼用用紙）で計算するので、この合計額の計算には含めません。また、源泉控除対象配偶者については月々の給与計算等では扶養親族等の数に含めますが、年末調整では配偶者控除等申告書（兼用用紙）で控除額を計算することになっていますので合計額の計算には含めません。

　その他の扶養控除額および障害者等の控除額は、扶養親族、障害者等の控除があります。給与計算ソフトを使用している場合は、給与所得者の扶養控除等（異動）申告書どおりに該当項目を入力すると自動的に控除合計が計算されます。また、例年税務署から配布される「年末調整のしかた」には控除の合計額早見表がついています。これを用いると簡単に控除額が算出できます。

■特定扶養親族に当たる人がいる場合のケース

母（68歳）

特定扶養

19歳

小学生

扶養親族3人（子のうち1人は19歳、1人は小学生）の場合

母	→	380,000円
特定扶養親族	→	630,000円
		1,010,000円

■扶養控除額および障害者等の控除額の合計額の早見表

①	控除対象扶養親族の数に応じた控除額					
人　　数	控　　除　　額		人　　数	控　　除　　額		
1　人	380,000 円		5　人	1,900,000 円		
2　人	760,000		6　人	2,280,000		
3　人	1,140,000		7　人	2,660,000		
4　人	1,520,000		8 人 以 上	7人を超える1人につき380,000円を2,660,000円に加えた金額		

② 障害者等の控除額の加算額がいる場合	イ	同居特別障害者に当たる人がいる場合	1人につき	750,000 円
	ロ	同居特別障害者以外の特別障害者に当たる（人がいる）場合	1人につき	400,000 円
	ハ	一般の障害者、寡婦又は勤労学生に当たる（人がいる）場合	左の一に該当するとき 各	270,000 円
	ニ	所得者本人が**ひとり親**に当たる場合		350,000 円
	ホ	同居老親等に当たる人がいる場合	1人につき	200,000 円
	ヘ	特定扶養親族に当たる人がいる場合	1人につき	250,000 円
	ト	同居老親等以外の老人扶養親族に当たる人がいる場合	1人につき	100,000 円

基礎控除申告書、配偶者控除等申告書、所得金額調整控除申告書の確認と控除額の計算

● 給与所得者の基礎控除申告書兼給与所得者の配偶者控除等申告書兼年末調整に係る定額減税のための申告書兼所得金額調整控除申告書の確認……………………………

　この申告書は、3つの申告書を兼ねた用紙で、基礎控除は基本的に年末調整するすべての人に該当しますので、全員に提出してもらいます。

　その他の申告書欄にはそれぞれを申告する際に該当箇所に記入して提出してもらいます。

㊟令和6年は臨時的に上記のとおりですが、例年は「給与所得者の基礎控除申告書兼給与所得者の配偶者控除等申告書兼所得金額調整控除申告書」という名称です。

● 基礎控除額の計算……………………………………

　基礎控除には所得要件が設けられています。給与収入だけの場合で年末調整の対象となる人（183ページ）は、48万円が控除されます。

合計所得金額	基礎控除の額
2,400万円以下	48万円
2,400万円超　2,450万円以下	32万円
2,450万円超　2,500万円以下	16万円
2,500万円超	―

■給与所得者の基礎控除申告書兼給与所得者の配偶者控除等申告書兼所得金額調整控除申告書

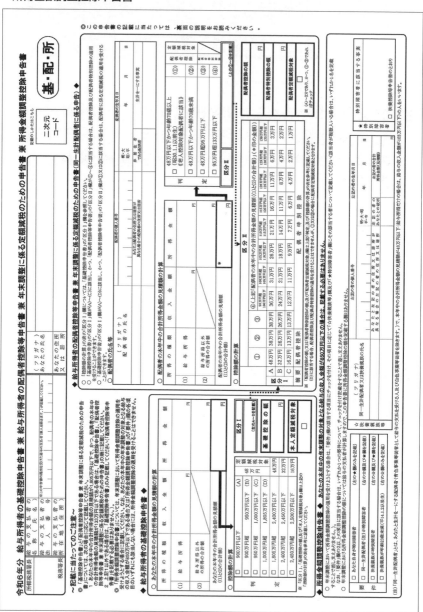

※令和6年分は、臨時的に「給与所得者の基礎控除申告書兼給与所得者の配偶者控除等申告書兼年末調整に係る定額減税のための申告書兼所得金額調整控除申告書」とされています（詳しくは239ページ「所得税の定額減税」を参照）。

●配偶者控除と配偶者特別控除……………………

　給与所得者と生計を一にする配偶者がいる場合に、次の要件に該当すれば配偶者の所得の額に応じた所得控除が受けられます。

配偶者控除または配偶者特別控除を受けるための要件

(1) 控除を受ける年の給与所得者の合計所得金額が 1000 万円以下（給与収入額 1195 万円以下）であること

(2) 控除を受ける年の配偶者の合計所得金額が、それぞれ次のとおりであること

　・配偶者控除……48 万円以下（給与収入額 103 万円以下）

　〈補足〉控除額は、本人の所得に応じて段階的に定められています。

　・配偶者特別控除……48 万円超 133 万円以下（給与収入額 103万円超 201 万 6000 円未満）

　〈補足〉控除額は、本人と配偶者の所得に応じて段階的に定められています。

(3)「給与所得者の配偶者控除等申告書」を提出した人であること

　たとえば、本人の給与所得が「930 万円（給与収入 1140 万円）」で配偶者の合計所得が「92 万円（給与収入 147 万円）」の場合は「26 万円」の配偶者特別控除が受けられます。

■給与所得者の合計所得金額が 900 万円以下の場合

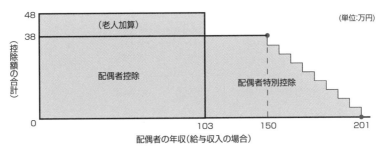

（単位:万円）

（控除額の合計）

48
38

（老人加算）

配偶者控除

配偶者特別控除

0　　　　　　　　　　　103　　　150　　　　　201

配偶者の年収（給与収入の場合）

●配偶者（特別）控除の控除額⋯⋯⋯⋯⋯⋯⋯⋯⋯

　給与所得者の合計所得金額と配偶者の合計所得金額に応じた控除額は、下の表のとおりです。

☀配偶者控除額および配偶者特別控除額☀

<table>
<tr>
<td colspan="2" rowspan="2"></td>
<td colspan="3">給与所得者の合計所得金額
（給与所得だけの場合の給与所得者の給与等の収入金額）</td>
<td rowspan="2">【参考】
配偶者の収入が給与所得だけの場合の配偶者の給与等の収入金額</td>
</tr>
<tr>
<td>900万円以下
（1095万円以下）</td>
<td>900万円超
950万円以下
（1095万円超
1145万円以下）</td>
<td>950万円超
1000万円以下
（1145万円超
1195万円以下）</td>
</tr>
<tr>
<td rowspan="2">配偶者控除</td>
<td>配偶者の合計所得金額
48万円以下</td>
<td>38万円</td>
<td>26万円</td>
<td>13万円</td>
<td rowspan="2">1,030,000円以下</td>
</tr>
<tr>
<td>老人控除対象配偶者</td>
<td>48万円</td>
<td>32万円</td>
<td>16万円</td>
</tr>
<tr>
<td rowspan="11">配偶者特別控除</td>
<td>配偶者の合計所得金額
48万円超　95万円以下</td>
<td>38万円</td>
<td>26万円</td>
<td>13万円</td>
<td>1,030,000円超
1,500,000円以下</td>
</tr>
<tr>
<td>95万円超　100万円以下</td>
<td>36万円</td>
<td>24万円</td>
<td>12万円</td>
<td>1,500,000円超
1,550,000円以下</td>
</tr>
<tr>
<td>100万円超　105万円以下</td>
<td>31万円</td>
<td>21万円</td>
<td>11万円</td>
<td>1,550,000円超
1,600,000円以下</td>
</tr>
<tr>
<td>105万円超　110万円以下</td>
<td>26万円</td>
<td>18万円</td>
<td>9万円</td>
<td>1,600,000円超
1,667,999円以下</td>
</tr>
<tr>
<td>110万円超　115万円以下</td>
<td>21万円</td>
<td>14万円</td>
<td>7万円</td>
<td>1,667,999円超
1,751,999円以下</td>
</tr>
<tr>
<td>115万円超　120万円以下</td>
<td>16万円</td>
<td>11万円</td>
<td>6万円</td>
<td>1,751,999円超
1,831,999円以下</td>
</tr>
<tr>
<td>120万円超　125万円以下</td>
<td>11万円</td>
<td>8万円</td>
<td>4万円</td>
<td>1,831,999円超
1,903,999円以下</td>
</tr>
<tr>
<td>125万円超　130万円以下</td>
<td>6万円</td>
<td>4万円</td>
<td>2万円</td>
<td>1,903,999円超
1,971,999円以下</td>
</tr>
<tr>
<td>130万円超　133万円以下</td>
<td>3万円</td>
<td>2万円</td>
<td>1万円</td>
<td>1,971,999円超
2,015,999円以下</td>
</tr>
<tr>
<td>133万円超</td>
<td>0円</td>
<td>0円</td>
<td>0円</td>
<td>2,015,999円超</td>
</tr>
</table>

（注）　1　合計所得金額が1,000万円を超える所得者は、配偶者控除および配偶者特別控除の適用を受けることはできません。
　　　　2　夫婦の双方がお互いに配偶者特別控除の適用を受けることはできませんので、いずれか一方の配偶者は、この控除を受けることはできません。
　　　　3　所得金額調整控除の適用がある場合は、（　）内の各金額に15万円を加えてください。

●所得金額調整控除額の計算‥‥‥‥‥‥‥‥‥‥‥‥‥‥‥

（1）所得金額調整控除額とは

　子育て等に配慮する観点から、「給与等の収入金額」が850万円を超えている人であって、次のいずれかに該当する場合に、「所得金額調整控除」を給与所得控除後の給与等の金額から差し引くことができます。

要件

　給与等の額が850万円を超える人で、次のいずれかに該当する場合

○ 23歳未満の扶養親族がいる

○本人が特別障害者に該当する

○特別障害者である扶養親族がいる

○特別障害者である同一生計配偶者がいる

（2）所得金額調整控除額の計算

所得金額調整控除額 ＝ （給与等の収入金額 − 850万円）× 10%

　※ 15万円を超える場合には15万円が所得金額調整控除額です。

ベテランの
知恵袋

夫婦ともに850万円を超えていて23歳未満の子供がいる場合は、夫婦ともに所得金額調整控除を受けることができます。扶養控除の対象ではないが、所得金額調整控除の対象になることもありますので注意が必要です。

保険料控除申告書の確認と控除額の計算①

● 保険料控除申告書の確認…………………………………

　社員が生命保険料や地震保険料等を支払った場合には、一定の金額の所得控除を受けることができます。該当する社員から、各保険会社から送付されてきた証明書を添付した「給与所得者の保険料控除申告書」を提出してもらいます。これらの控除額の計算にあたっては、給与計算ソフトを使用していれば計算間違いのおそれはありませんが、手計算の場合やいくつもの保険や個人年金に加入している場合の保険料の合計額、保険の種類は人間が識別するしかありません。できれば2人以上でチェックしたいところです。

■給与所得者の保険料控除申告書

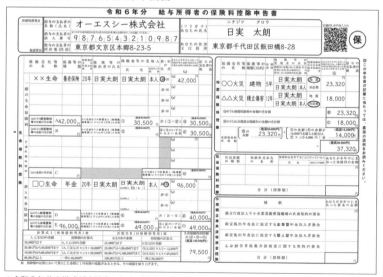

※令和6年分の様式が未確定なため（令和6年4月1日現在）、令和5年分の様式を使用しています。

●保険料控除申告書のチェックポイント…………

　控除の対象となる保険料かどうかは、各人が添付してきた保険料控除証明書で判断します。証明額は1月（またはその年の加入時）から年の途中の控除証明書発行時点までの金額になっている場合がありますので、その場合は1回分の保険料から1年分の金額を計算しないと正しい控除額が出ません。通常は申告額として1年分の金額も記載されていることが多いようです。

　また、支払った保険料や掛金が生命保険料控除の対象とされるためには、保険金等の受取人のすべてが社員本人または社員の配偶者や親族（個人年金保険料については親族を除く）となっていることが必要です。

●生命保険料控除額の計算…………………………

　一般の生命保険料と個人年金は、新契約（平成24年1月1日以降に契約した保険契約）、旧契約（平成23年12月31日以前に契約した保険契約）とに区分し、控除される額は契約している保険の種類と、保険の契約日によって異なります。介護医療保険は新契約のみです。

　生命保険料の控除額は、次の①②③それぞれの計算結果を合計した金額で、上限は12万円です。

①一般の生命保険料

• 新契約の保険料……**新契約の計算式**で計算した控除額
　　　　　　　　　　（上限4万円）

• 旧契約の保険料……**旧契約の計算式**で計算した控除額
　　　　　　　　　　（上限5万円）

※新・旧の契約がある場合は、それぞれの控除額の合計（上限4万円）と、旧契約のみの控除額（上限5万円）を比べて多い額

②介護医療保険料

　新契約の計算式で計算した控除額（上限4万円）

③個人年金保険料

- 新契約の保険料……**新契約の計算式**で計算した控除額
(上限4万円)
- 旧契約の保険料……**旧契約の計算式**で計算した控除額
(上限5万円)

※新・旧の契約がある場合は、それぞれの控除額の合計（上限4万円）と、旧契約のみの控除額（上限5万円）を比べて多い額

■新契約の計算式

対象となる保険料	年間の支払保険料の合計	控除額
一般の生命保険料 個人年金保険料 介護医療保険料	20,000円以下	支払金額
	20,000円超 40,000円以下	支払金額÷2＋10,000円
	40,000円超 80,000円以下	支払金額÷4＋20,000円
	80,000円超	40,000円

■旧契約の計算式

対象となる保険料	年間の支払保険料の合計	控除額
一般の生命保険料 個人年金保険料	25,000円以下	支払金額
	25,000円超 50,000円以下	支払金額÷2＋12,500円
	50,000円超 100,000円以下	支払金額÷4＋25,000円
	100,000円超	50,000円

●地震保険料控除の計算……………………………………

社員が損害保険契約等にかかる地震等損害部分の保険料等を支払った場合には、最高5万円が控除されます。

また、平成18年12月31日までに締結した長期損害保険契約等にかかる保険料または掛金で一定の要件に該当する場合は、「旧長期損害保険料」として最高1万5000円が控除されます。

地震保険料控除の金額は、地震保険および旧長期損害保険料それぞれの計算結果を合計した金額で、上限は5万円です。

■地震保険料の控除額

<table>
<tr><td rowspan="8">地震保険料
控除</td><td rowspan="2">①
支払った保険料
が地震保険料だ
けの場合</td><td>支払った保険料が
50,000円以下の場合</td><td>支払った保険料の全額</td></tr>
<tr><td>支払った保険料が
50,001円以上の場合</td><td>一律に 50,000 円</td></tr>
<tr><td rowspan="3">②
支払った保険料
が旧長期損害保
険料だけの場合</td><td>支払った保険料が
10,000円以下の場合</td><td>支払った保険料の全額</td></tr>
<tr><td>支払った保険料が
10,001円から
20,000円までの場合</td><td>$\left(\begin{array}{c}支払った保険料\\の金額の合計額\end{array}\right) \times \frac{1}{2} + 5,000円$</td></tr>
<tr><td>支払った保険料が
20,001円以上の場合</td><td>一律に 15,000 円</td></tr>
<tr><td rowspan="2">③
支払った保険料
が地震保険料と
旧長期損害保険
料との両方であ
る場合</td><td>地震保険料と旧長期損害
保険料についてそれぞれ
上記①及び②により求め
た金額の合計額が
50,000円以下の場合</td><td>その合計額の全額</td></tr>
<tr><td>上記により計算した金
額が50,001円以上の
場合</td><td>一律に 50,000 円</td></tr>
</table>

<table>
<tr><td rowspan="8">年</td><td rowspan="3">社会保
険料等
控除額</td><td>給与等からの控除分（⑫＋⑤）</td><td>⑫</td><td>974,716</td><td>配偶者の合計所得金額</td></tr>
<tr><td>申告による社会保険料の控除分</td><td>⑬</td><td>0</td><td>（　　400,000 円）</td></tr>
<tr><td>申告による小規模企業共済等掛金の控除分</td><td>⑭</td><td>0</td><td>旧長期損害保険料支払額</td></tr>
<tr><td colspan="2">生命保険料の控除額</td><td>⑮</td><td>79,500</td><td rowspan="2">（　　18,000 円）</td></tr>
<tr><td colspan="2">地震保険料の控除額</td><td>⑯</td><td>37,320</td></tr>
<tr><td colspan="2">配偶者（特別）控除額</td><td>⑰</td><td>380,000</td><td>⑫のうち小規模企業共済
等掛金の金額</td></tr>
<tr><td colspan="2">扶養控除額及び障害者等の控除額の合計額</td><td>⑱</td><td>630,000</td><td rowspan="2">（　　　　　　円）</td></tr>
<tr><td colspan="2">基礎控除額</td><td>⑲</td><td>480,000</td></tr>
<tr><td rowspan="2">末

調</td><td colspan="2">所得控除額の合計額
（⑫＋⑬＋⑭＋⑮＋⑯＋⑰＋⑱＋⑲）</td><td>⑳</td><td>2,581,536</td><td>⑬のうち国民年金保険料
等の金額</td></tr>
<tr><td colspan="2">差引課税給与所得金額(⑪-⑳)及び算出所得税額</td><td>㉑</td><td>（1,000円未満切捨て）
1,976,000</td><td>（　　　　　　円）</td></tr>
<tr><td></td><td></td><td></td><td>㉒</td><td>100,100</td><td></td></tr>
</table>

9 10月〜12月の給与計算事務と社会保険手続き

保険料控除申告書の確認と控除額の計算②

●社会保険料等控除……………………………………

　　一定の要件に該当する社会保険料や小規模企業共済等掛金を支払った場合は社会保険料等控除を受けることができ、支払った全額を給与所得控除後の給与等の金額（調整控除後）から所得控除として差し引くことができます。

（1）社会保険料控除

　　社会保険料控除は、本人または本人と生計を一にする配偶者やその他の親族の負担すべき社会保険料を支払った場合に受けられる所得控除です。本人の健康保険料などは、会社が給与等にもとづいて計算しているものなので、天引きされている保険料は本人に保険料控除申告書に記載してもらう必要はありません。年末調整では「給与等からの控除分」として計算します。

　　一方、親族等が負担すべきものや年の途中で就職した人等が、国民年金や国民健康保険の保険料を自分で支払っていたような場合は、保険料控除申告書で把握し、「申告による社会保険料の控除分」として計算します。

社会保険料控除の対象となる社会保険料は次のものです

①健康保険、雇用保険、国民年金、厚生年金保険および船員保険等の保険料で被保険者として負担するもの

②国民健康保険の保険料または国民健康保険税

③介護保険法の規定による介護保険料

④国民年金基金・厚生年金基金の掛金

※国民年金の保険料、国民年金基金の掛金については、証明書類を添付する必要があります。

（2）小規模企業共済等掛金控除

　小規模企業共済等掛金とは、次のものをいいます。

①独立行政法人中小企業基盤整備機構と契約した共済契約（旧第２種共済契約を除く）にもとづいて支払った掛金

②確定拠出年金法に規定する企業型年金加入者掛金または個人型年金加入者掛金

③地方公共団体が条例の規定により実施する、いわゆる心身障害者扶養共済制度で、一定の要件を備えているものにもとづいて支払った掛金

※本人が直接支払った掛金等については、証明書類を添付する必要があります。

区　　　　　　　　　分		金　　　額	税　　　額
給　料　・　手　当　等	①	4,546,800 円	③ 64,460 円
賞　　　　　与　　　　　等	④	1,705,050	⑥ 88,228
計	⑦	6,251,850	⑧ 152,688
給与所得控除後の給与等の金額	⑨	4,558,400	所得金額調整控除の適用
所 得 金 額 調 整 控 除 額 （（⑦−8,500,000円）×10%、マイナスの場合は0）	⑩	(1円未満切上げ、最高150,000円) 0	有・無 （※ 適用有の場合は⑩に記載）
給与所得控除後の給与等の金額（調整控除後） （⑨−⑩）	⑪	4,558,400	
社会保 険料等 控除額	給与等からの控除分（②＋⑤）	⑫ 974,716	配偶者の合計所得金額
	申告による社会保険料の控除分	⑬ 0	（ 400,000円）
	申告による小規模企業共済等掛金の控除分	⑭ 0	旧長期損害保険料支払額
生 命 保 険 料 の 控 除 額	⑮	79,500	（ 18,000 円）

控除の種類	控除額（所得控除）
①社会保険料控除	支払った社会保険料の全額（中途入社などで国民健康保険や国民年金の保険料を払っていた場合も対象になります）
②小規模企業共済等掛金控除	支払った掛金の全額

住宅借入金等特別控除申告書の確認と控除額の計算

●住宅借入金等特別控除とは……………………………

　住宅借入金等特別控除とは、住宅ローン等を利用して住宅を取得または増改築等をした場合で、一定の要件に該当すれば、その取得または増改築等のための借入金等の年末残高の合計額を基準として計算した金額を、一定年数にわたり各年分の所得税額から控除するものです。

　控除を受ける最初の年分は、本人が確定申告しなければなりません。したがって、会社の担当者としては2年目から年末調整の対象とすることになります。1年目の確定申告後、本人宛にその後の年末調整時に会社に提出するべき申告書が送られてきます。

　そのため、令和6年の年末調整では「平成36年分」の申告書が提出されることがありますが、そのまま使うことができます。

●住宅借入金等特別控除申告書の控除額…………

　居住開始年、控除の要件によって、申告書の様式、控除が受けられる金額や控除が受けられる年数が異なります。それぞれの申告書に、要件に応じた計算方法が記載されていますので、本人が記入してきた内容に間違いがないか確認しましょう。

■（特定増改築等）住宅借入金等特別控除申告書

令和 6年分

給与所得者の（特定増改築等）住宅借入金等特別控除申告書
兼（特定増改築等）住宅借入金等特別控除計算明細書

本郷 税務署長	給与の支払者 の名称（氏名）	オーエスシー株式会社	（フリガナ） あなたの氏名　ヤマカワ　ジロウ　控除対象の氏名及びあなたとの続柄（山川次郎・本人） **山川 次郎**
	給与の支払者 の法人番号	9 8 7 6 5 4 3 2 1 0 9 8 7	あなたの住所 又は居所
	給与の支払者 の所在地（住所）	東京都文京区本郷 8-23-5	東京都千代田区飯田橋 8-28

年末調整の際に、次のとおり（特定増改築等）住宅借入金等特別控除を受けたいので、申告します。

項　目	新築又は購入に係る借入金等の計算			増改築等に係る 借入金等の計算
	Ⓐ住宅のみ	Ⓑ土地等のみ	Ⓒ住宅及び土地等	
新築、購入及び増改築等に係る 住宅借入金等の年末残高 （内、連帯債務による借入金の額）①	円 （　　　）	円 （　　　）	19,500,000円 （19,500,000）	円 （　　　）
住宅借入金等の年末残高 （①のうち単独債務の額＋ ①のうち連帯債務の額×「連帯債務割合」）②	（　　%）円	（　　%）円	（50.00%）円 9,750,000	（　　%）円
②と証明事項の取得対価の額又は 増改築等の費用の額の いずれか少ない方の金額③	②とⒶの少ない方円	②とⒷの少ない方円	②と（Ⓒ+Ⓓ）又は （Ⓑ+Ⓓ）の少ない方円 9,750,000	②とⒹの少ない方円
③ × 「居住用割合」④	（100.0%）円	（100.0%）円	（100.0%）（注1）円 9,750,000	（　　%）円
住宅借入金等の年末残高等 （④の欄の合計額）⑤	（最高 4,000万円）円 9,750,000	年間所得の見積額 （3,000万円を超える場合は 控除の適用がありません。）	10,000,000円	
特定増改築等の費用の額 （注2）⑥	円	（備考）		
特定増改築等の費用の額に係る 住宅借入金等の年末残高等 （⑤と⑥の少ない方）（注2）⑦	（最高　　　万円）円	(注1) ... (注2) ... (注3) ...		
（特定増改築等） 住宅借入金等特別控除額 （⑤ × 1 %）	（100円未満の端数切捨て） （最高 400,000円） 97,500	重複適用（の特例）を受ける場合の （特定増改築等） 住宅借入金等特別控除額 （注3）		（100円未満の端数切捨て） （最高　　　円） 00

令和 6年分　**年末調整のための（特定増改築等）住宅借入金等特別控除証明書**

102-0072 東京都千代田区飯田橋 8-28 ———————————————— 山川 次郎　様 （証明事項）（令和 1年中居住者用）	左記の方が、令和1年分の所得税について次の とおり（特定増改築等）住宅借入金等特別控除の 適用を受けていることを証明します。 令和2年 10月 16日 麹町 税務署長

④居住開始年月日	家屋に関する事項			土地等に関する事項		
	⑦取得対価の額	⑦居住用割合	⑦連帯債務割合	⑦取得対価等の額	⑦居住用割合	⑦連帯債務割合
（特別特定） 令和 1年10月31日	10,000,000円	100.0%	50.0%	11,000,000円	100.0%	50.0%

⑦居住開始年月日	増改築等に関する事項				⑦特例期間(11年目～13年目)(※) における控除限度額
	⑦増改築等の費用の額	⑦特定増改築等の費用の額	⑦居住用割合	⑦連帯債務割合	(※)令和11年分～令和13年分
年 月 日	円	円	%	%	60,600円

（参考）適用初年分の控除額等	100,000円	各年分の控除額の計算の結果、この金額を上回ることはありません。 各年分の控除額ではありませんのでご注意ください。

実例による年末調整①
給与所得控除・所得金額調整控除

●給与総額の計算から給与所得控除後の給与等の金額（調整控除後）まで…………………

　給与計算ソフトを使用する場合は、各種控除申告書に基づいて必要なデータを入力していくと、1年間で支払うべき所得税額が自動的に計算されますが、実際のしくみをつかむために、実例を見ながら説明していきましょう。下記の表は、源泉徴収簿の抜粋です。年末調整は、次のような順番で進めていきます。

区　　　　　　分	金　　額	税　　額
給　料　・　手　当　等	① 4,546,800 円	③ 64,460 円
賞　　　　　与　　　　　等	④ 1,705,050	⑥ 88,228
計	⑦ 6,251,850	⑧ 152,688
給 与 所 得 控 除 後 の 給 与 等 の 金 額	⑨ 4,558,400	所得金額調整控除の適用 有 ・ 無 （※ 適用有の場合は⑩に記載）
所 得 金 額 調 整 控 除 額 （（⑦−8,500,000円）×10%、マイナスの場合は0）	⑩ （1円未満切上げ、最高150,000円） 0	
給与所得控除後の給与等の金額（調整控除後） （⑨−⑩）	⑪ 4,558,400	
社会保 給 与 等 か ら の 控 除 分（ ② ＋ ⑤ ）	⑫ 974,716	配偶者の合計所得金額

（1）給与総額と徴収税額の集計

　12月分の給与が確定した段階で、1年間の課税給与総支給金額と課税賞与総支給金額をそれぞれ①と④の欄に記入し、その合計額を⑦に記入します。また、給与や賞与から徴収した税額の合計を③と⑥に記入し、その合計額を⑧に記入します。この税額の合計が、毎月の給与や賞与から仮に徴収してきた税金の合計になります。

① 支払いが確定している給与は、未払いとなっている場合であっても年末調整の対象になります。前年度分の未払いであった給与で今年に繰り越して支払った給与やその給与からの徴収税額は、前年の年末調整の対象とされているため集計には含めません。
② 年末調整をする最後の給与または賞与に関しては、通常の税額計算を省略してもよいとされています。この場合は、その給与に対する徴収税額はないものとして集計します。

(2) 給与所得控除後の給与等の金額

算出した給与等の総額（⑦）を「年末調整等のための給与所得控除後の給与等の金額の表」に当てはめて、給与所得控除後の給与等の金額（⑨）を求めます。つまり、サラリーマンの必要経費分を差し引くわけです。

給与等の金額		給与所得控除後の
以上	未満	給与等の金額
円	円	円
6,232,000	6,236,000	4,545,600
6,236,000	6,240,000	4,548,800
6,240,000	6,244,000	4,552,000
6,244,000	6,248,000	4,555,200
6,248,000	6,252,000	4,558,400
6,252,000	6,256,000	4,561,600
6,256,000	6,260,000	4,564,800

給与等の総額が660万円未満の場合は、この欄の金額を⑨に記入

給与等の総額が 660 万円以上の人については、算式を用いて計算します。

給与等の金額	給与所得控除後の給与等の金額
6,600,000 円以上 8,500,000 円未満	収入金額×90％ − 1,100,000 円
8,500,000 円以上	収入金額 − 1,950,000 円

(3) 給与所得控除後の給与等の金額（調整控除後）の計算

所得金額調整控除申告書で申告があった、「要件」に該当する人についてのみ、計算式に当てはめて求めた金額を給与所得控除後の給与等の金額から控除します。

所得金額調整控除額（⑩）＝（給与等の収入金額（⑦）− 850 万円）× 10％

※ 15 万円を超える場合には 15 万円が所得金額調整控除額です。

（4）各種所得控除額の控除

　各申告書で申告された金額を合計した所得控除額の合計額を、給与所得控除後の給与等の金額（調整控除後）の金額から控除して、差引課税所得金額を求めます。

《所得控除額》

- 社会保険料等控除
- 生命保険料控除
- 地震保険料控除
- 配偶者（特別）控除
- 扶養控除および障害者等の控除の合計
- 基礎控除

実例による年末調整②
まとめ

● 算出所得税額の計算

　　各種所得控除を合計し、給与所得控除後の給与等の金額から所得控除の合計額を控除した額が、課税給与所得金額（㉑）になります。この課税給与所得金額から所得税額の速算表を使って計算した金額が算出所得税額（㉒）です。

● 年調年税額の計算

　　算出所得税額から、住宅借入金等特別控除額（㉓）を差し引くと年調所得税額（㉔）が算出されます。

　　この年調所得税額に102.1％（復興特別所得税）を乗じた額が、本来納めるべき年調年税額（㉕）となります。

● 過不足額の精算

　　ここまでの過程で、やっとその年に納めるべき所得税額が確定しました。

　　先に集計した本年分の徴収税額（⑧）と確定した税額（㉕）とを比較して、次のように精算します。

> **徴収税額の合計額⑧がその年の確定した税額㉕よりも多い場合**
> 過納（納めすぎ）になっているため、その人に還付します（返します）。

> **徴収税額の合計額⑧がその年の確定した税額㉕よりも少ない場合**
> 不足になっているため、その人から徴収します。

扶養控除等の申告・各種控除額	申告の有無	区分	源泉控除対象配偶者	一般の控除対象扶養親族	特定扶養親族	老人扶養親族 同居老親等	老人扶養親族 その他	一般の障害者 本人・配・扶	特別障害者 本人・配・扶	同居特別障害者 配・扶	寡婦又はひとり親	勤労学生	従たる給与から控除する源泉控除対象配偶者と控除対象扶養親族の合計数	配偶者の有無
		申告月日 当初	有・無	人	1人	人	人	人	人	人	寡婦・ひとり親	有・無	当初	有
有	/	有・無									寡婦・ひとり親	有・無		月 日
無	/	有・無									寡婦・ひとり親	有・無		人
		控除額 1人当たり(万円)		38	63	58	48	27	40	75	27(寡婦)35(ひとり親)	27	人	有・無
		合計額(万円)			63									

区　　　分		金　　　額	税　　　額
給料・手当等	①	4,546,800 円	③ 64,460 円
賞　与　等	④	1,705,050	⑥ 88,228
計	⑦	6,251,850	152,688
給与所得控除後の給与等の金額	⑨	4,558,400	
所得金額調整控除額 ((⑦-8,500,000円)×10%、マイナスの場合は0)	⑩	0	
給与所得控除後の給与等の金額(調整控除後) (⑨-⑩)	⑪	4,558,400	

所得金額調整控除の適用　有・無
（※ 適用の場合は⑩に記載）

		金額	
社会保険料等控除額	給与等からの控除分(⑫+⑤)	⑫	974,716
	申告による社会保険料の控除分	⑬	0
	申告による小規模企業共済等掛金の控除分	⑭	0
生命保険料の控除額		⑮	79,500
地震保険料の控除額		⑯	37,320
配偶者(特別)控除額		⑰	380,000
扶養控除額及び障害者等の控除額の合計額		⑱	630,000
基　礎　控　除　額		⑲	480,000
所得控除額の合計額 (⑫+⑬+⑭+⑮+⑯+⑰+⑱+⑲)		⑳	2,581,536

配偶者の合計所得金額 （　400,000円）
旧長期損害保険料支払額 （　18,000円）
⑫のうち小規模企業共済等掛金の金額 （　　　　円）
⑬のうち国民年金保険料等の金額 （　　　　円）

		金額	税額
差引課税給与所得金額(⑪-⑳)及び算出所得税額	㉑	1,976,000 (1,000円未満切捨て)	㉒ 100,100
(特定増改築等)住宅借入金等特別控除額	㉓		
年調所得税額(㉒-㉓、マイナスの場合は0)	㉔	100,100	
年調年税額(㉔×102.1%)	㉕	102,200 (100円未満切捨て)	
差引超過額又は不足額(㉕-⑧)	㉖	50,488	
超過額の精算	本年最後の給与から徴収する税額に充当する金額	㉗	
	未払給与に係る未徴収の税額に充当する金額	㉘	
	差引還付する金額(㉖-㉗-㉘)	㉙	50,488
	同上のうち 本年中に還付する金額	㉚	50,488
	翌年において還付する金額	㉛	
不足額の精算	本年最後の給与から徴収する金額	㉜	
	翌年に繰り越して徴収する金額	㉝	

所得税額の速算表	
課税給与所得金額（A）	税　額
1,950,000円 以下	（A）×5%
1,950,000円 超 3,300,000円 〃	（A）×10%-97,500円
3,300,000円 〃 6,950,000円 〃	（A）×20%-427,500円
6,950,000円 〃 9,000,000円 〃	（A）×23%-636,000円
9,000,000円 〃 18,000,000円 〃	（A）×33%-1,536,000円
18,000,000円 〃 18,050,000円 〃	（A）×40%-2,796,000円

(注)　1　（A）の金額に1,000円未満の端数があるときは、これを切り捨てます。
　　　2　求めた税額に1円未満の端数があるときは、これを切り捨てます。
　　　3　課税給与所得金額が18,050,000円を超える場合は、年末調整の対象となりません。

算出所得税額（㉒）から（特定増改築等）住宅借入金等特別控除額（㉓）を控除した後の年調所得税額（㉔）に102.1%を乗じたものが年調年税額（㉕）となります。

※令和6年の定額減税については考慮していません（定額減税についての詳細は239ページを参照）。

令和7年1月～3月の事務カレンダー

1月

日	月	火	水	木	金	土
			1	2	3	4
5	6	7	8	9	10	11
12	13	14	15	16	17	18
19	20	21	22	23	24	25
26	27	28	29	30	31	

税 ～1/10　12月分の源泉所得税・特別徴収住民税の支払い
～1/10（20）　7月～12月までの源泉所得税の納付
源泉徴収票・給与支払報告書の提出
法定調書の提出
給与所得者の扶養控除等（異動）申告書の受理

社 ～1/31　12月分の社会保険料の支払い

2月

日	月	火	水	木	金	土
						1
2	3	4	5	6	7	8
9	10	11	12	13	14	15
16	17	18	19	20	21	22
23	24	25	26	27	28	

税 ～2/10　1月分の源泉所得税・特別徴収住民税の支払い

社 ～2/28　1月分の社会保険料の支払い

3月

日	月	火	水	木	金	土
						1
2	3	4	5	6	7	8
9	10	11	12	13	14	15
16	17	18	19	20	21	22
23	24	25	26	27	28	29
30	31					

税 ～3/10　2月分の源泉所得税・特別徴収住民税の支払い

社 ～3/31　2月分の社会保険料の支払い

イベント 退職

1月から3月までの事務

年末調整が終わってもほっと一息というわけにはいかない。

1月には、前年に支払った給与や報酬等の支払調書を、税務署と各市区町村に報告（送付）する事務作業が待っている。社員が多い会社では、この作業が最も手間がかかる事務となっている。

2月は比較的穏やかな月となるが、4月の新入社員の入社に向けた事務作業が発生してくる。3月は、退職者が多い月でもある。4月に向けた準備とともに、退職に関する手続きも発生する。

この季節のテーマ

①源泉徴収票等の作成と交付・提出

12月の年末調整で確定した前年1年間に支払った給与や報酬について、税務署と市区町村に報告する事務作業である。

②退職関係の事務

退職者には、退職金規程に基づいた退職金が発生する。退職金からも税金を控除する必要がある。また、退職に伴い、社会保険や雇用保険の資格喪失の事務が発生する。

源泉徴収票等の作成①

● 源泉徴収票の作成と交付……………………………

　年末調整が終わったら、個人別の「源泉徴収票」2枚と「給与支払報告書」1枚を作成します。

　源泉徴収票のうち1枚は本人交付用、もう1枚は要件によって法定調書合計表と一緒に税務署へ送ります。給与支払報告書は市区町村へ送ります。

● 税務署への提出………………………………………

　税務署から送られてくる法定調書合計表を、1月末までに提出します。法定調書合計表とは会社が1年間にいくら給与を支払い、源泉徴収したかを届けるものです。その他には弁護士や司法書士など個人に支払った金額についても記入します。源泉徴収票は一定の要件に該当する人について提出が必要です。

源泉徴収票を税務署に提出する必要がある人

年末調整をした人	①	会社の役員等またはその年に役員であった人で、その年の給与等の金額が150万円を超える人
	②	弁護士、公認会計士、税理士等で、その年の給与等の金額が250万円を超える人
	③	①②以外の人で、その年の給与等の金額が500万円を超える人
年末調整をしなかった人	①	給与所得者の扶養控除等申告書を提出した人で、その年の半ばで退職した人や災害に遭い源泉徴収の猶予を受けた人で、その年の給与等の金額が250万円を超える人（法人の役員は50万円を超える人）
	②	給与所得者の扶養控除等申告書を提出した人で、その年の給与等の金額が2000万円を超える人

年末調整をしなかった人	③ 給与所得者の扶養控除等申告書を提出しなかった人で、その年の給与等の金額が50万円を超える人

●市区町村への送付……………………………………

　給与支払報告書を、給与を支払った社員の住所地の市区町村別に分け、市区町村ごとの合計などを総括表に記入します。市区町村ごとに分けた給与支払報告書に総括表をつけて、1月末までに市区町村へ送ります。

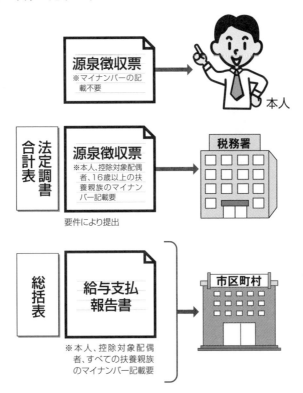

源泉徴収票
※マイナンバーの記載不要
本人

法定調書合計表
源泉徴収票
※本人、控除対象配偶者、16歳以上の扶養親族のマイナンバー記載要
税務署
要件により提出

総括表
給与支払報告書
※本人、控除対象配偶者、すべての扶養親族のマイナンバー記載要
市区町村

源泉徴収票は、給与の支払事務を取り扱う事業所（会社）の管轄税務署に提出します。給与支払報告書は、給与を受ける本人の1月1日現在の住所地の市区町村に提出します。

源泉徴収票等の作成②

　源泉徴収票は、年末調整後の源泉徴収簿（189ページ参照）に基づいて作成していきます。

令和6年分　給与所得の源泉徴収票

支払を受ける者	住所又は居所	102-0072 東京都千代田区飯田橋 8-28	（受給者番号）
			（役職名）
			氏名（フリガナ）ニチジツ タロウ　日実 太朗

種別	支払金額	給与所得控除後の金額（調整控除後）	所得控除の額の合計額	源泉徴収税額
給与・賞与	内　6 251 850 円	4 558 400 円	2 581 536 円	内　102 200 円

（源泉）控除対象配偶者の有無等		配偶者（特別）控除の額	控除対象扶養親族の数（配偶者を除く。）				16歳未満扶養親族の数	障害者の数（本人を除く。）		非居住者である親族の数
			特定		老人		その他		特別	その他
有	従有									
○		380 000 千円	1 人	従人 内 人	従人	人	従人 1 人	人	内 人	人

社会保険料等の金額	生命保険料の控除額	地震保険料の控除額	住宅借入金等特別控除の額
内　974 716 円	79 500 円	37 320 円	円

（摘要）

生命保険料の金額の内訳	新生命保険料の金額 42,000 円	旧生命保険料の金額 円	介護医療保険料の金額 円	新個人年金保険料の金額 円	旧個人年金保険料の金額 96,000 円
住宅借入金等特別控除の額の内訳	住宅借入金等特別控除適用数	居住開始年月日（1回目）年　月　日	住宅借入金等特別控除区分（1回目）	住宅借入金等年末残高（1回目）円	
	住宅借入金等特別控除可能額 円	居住開始年月日（2回目）年　月　日	住宅借入金等特別控除区分（2回目）	住宅借入金等年末残高（2回目）円	

| （源泉・特別）控除対象配偶者 | （フリガナ）ニチジツ ヨシコ　氏名　日実 佳子 | 区分 | 配偶者の合計所得 400,000 | 国民年金保険料等の金額 18,000 円 | 旧長期損害保険料の金額 円 |
| | | | | 基礎控除の額 円 | 所得金額調整控除額 円 |

控除対象扶養親族	1	（フリガナ）ニチジツ ヨシヒロ　氏名　日実 善弘	区分	16歳未満の扶養親族	1	（フリガナ）ニチジツ ヨ シ ミ　氏名　日実 よしみ	区分
	2	（フリガナ）　氏名	区分		2	（フリガナ）　氏名	区分
	3	（フリガナ）　氏名	区分		3	（フリガナ）　氏名	区分
	4	（フリガナ）　氏名	区分		4	（フリガナ）　氏名	区分

未成年者	外国人	死亡退職	災害者	乙欄	本人が障害者		寡婦	ひとり親	勤労学生	中途就・退職				受給者生年月日			
					特別	その他				就職	退職	年	月	日	元号	年	月	日
											○					44	9	20

| 支払者 | 住所（居所）又は所在地 | 東京都文京区本郷 8-23-5 | |
| | 氏名又は名称 | オーエスシー株式会社 | （電話）03-XXXX-XXXX |

※令和6年分の様式が未確定のため（令和6年4月1日時点）、令和5年分の様式を使用しています。

源泉所得税の納付

● 源泉所得税の納付期限……………………………………………

　源泉徴収した所得税は、一括して「給与所得・退職所得等の所得税徴収高計算書（納付書）」に所定事項を記載して、納付します。納付場所は最寄りの金融機関です。

　納付期限は、次のようになっています。

納期の特例の適用を受けていない場合	翌月10日
納期の特例の適用を受けている場合	1月から6月分を7月10日 7月から12月分を翌年1月20日

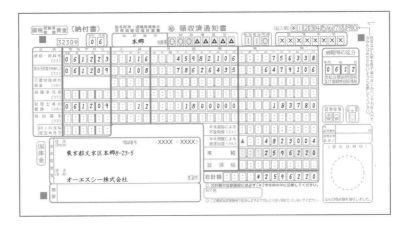

　12月分の納付に関しては年末調整分もあわせて納付しなければなりません。

　過納額を充当・還付したときは「超過税額」欄にその金額を記入し、不足額を徴収したときは「不足税額」欄にその金額を記入します。

給与支払報告書（総括表）の作成と提出

●もっとも手間がかかる事務……………………

　給与支払報告書と源泉徴収票の作成が終了したら、給与支払報告書を、給与を支払った社員の住所地の市区町村別に分類し、その合計人数を給与支払報告書（総括表）に記入します。

■給与支払報告書（個人別明細書）

給与支払報告書（個人別明細書）

市区分		支払を受ける者	住所	102-0072 東京都千代田区飯田橋8-28

（受給者番号）000-000-0003
（個人番号）1 2 3 4 5 6 7 8 9 1 0 2
（役職名）
氏名（フリガナ）ニチジツ タロウ
日実 太朗

種別	支払金額	給与所得控除後の金額（調整控除後）	所得控除の額の合計額	源泉徴収税額
給与・賞与	6 251 850	4 558 400	2 581 536	102 200

（源泉）控除対象配偶者の有無等　老人　配偶者（特別）控除の額　380 000
控除対象扶養親族の数（配偶者を除く。）特定　老人　その他　1
内　1
16歳未満扶養親族の数
障害者の数（本人を除く。）特別　その他　1
非居住者である親族の数

社会保険料等の金額	生命保険料の控除額	地震保険料の控除額	住宅借入金等特別控除の額
974 716	79 500	37 320	

（摘要）

生命保険料の金額の内訳：新生命保険料の金額 42,000　旧生命保険料の金額　介護医療保険料の金額　新個人年金保険料の金額　旧個人年金保険料の金額 96,000

住宅借入金等特別控除の額の内訳：住宅借入金等特別控除適用数　居住開始年月日（1回目）　年　月　日　住宅借入金等特別控除区分（1回目）　住宅借入金等年末残高（1回目）
住宅借入金等特別控除可能額　居住開始年月日（2回目）　年　月　日　住宅借入金等特別控除区分（2回目）　住宅借入金等年末残高（2回目）

（源泉・特別）控除対象配偶者
氏名（フリガナ）ニチジツ ヨシコ　日実 佳子　区分　配偶者の合計所得 400,000　国民年金保険料等の金額　旧長期損害保険料の金額 18,000
個人番号 3 4 5 6 7 8 9 0 1 2 3 4　基礎控除の額　所得金額調整控除額

控除対象扶養親族
1　氏名（フリガナ）ニチジツ ヨシヒロ　日実 善弘　区分　個人番号 2 3 4 5 6 7 8 9 0 1 2 3
1　氏名（フリガナ）ニチジツ ヨシミ　日実 よしみ　区分　個人番号 3 4 5 6 7 8 9 0 1 2 3 4
16歳未満の扶養親族
2　氏名（フリガナ）　個人番号　区分
2　氏名（フリガナ）　個人番号　区分
3　氏名（フリガナ）　個人番号　区分
3　氏名（フリガナ）　個人番号　区分
4　氏名（フリガナ）　個人番号　区分
4　氏名（フリガナ）　個人番号　区分

未成年者　外国人　死亡退職　災害者　乙欄　本人が障害者：特別　その他　寡婦　ひとり親　勤労学生
中途就・退職：就職　退職　年　月　日
受給者生年月日：元号　年　月　日　○　44　9　20

支払者
個人番号又は法人番号 9 8 7 6 5 4 3 2 1 0 9 8 7　（右詰で記載してください。）
住所（居所）又は所在地　東京都文京区本郷8-23-5
氏名又は名称　オーエスシー株式会社　（電話）03-XXXX-XXXX

■給与支払報告書（総括表）

給与支払報告書（総括表）

第十七号様式（用紙日本産業規格Ａ5）（第十条関係）〔別紙八十〕

指定番号	

令和 7 年 1 月 27 日提出

給 与 の 支 払 期 間	令和6年1月分から12月分まで			
給 与 支 払 者 の 個人番号又は法人番号	9 8 7 6 5 4 3 2 1 0 9 8 7			
フ リ ガ ナ	オーエスシーカブシキガイシャ	事 業 種 目	記帳代行とソフト開発	
給 与 支 払 者 の 氏 名 又 は 名 称	オーエスシー株式会社			
所得税の源泉徴収 をしている事務所 又は事業の名称		受 給 者 総 人 員	69 人	
フ リ ガ ナ	トウキョウトブンキョウクホンゴウ	特別徴収対象者	12 人	
同 上 の 所 在 地	〒 東京都文京区本郷 8-23-5	普通徴収対象者 （退職者）	2 人	
		普通徴収対象者 （退職者を除く）	0 人	
給 与 支 払 者 が 法 人 で あ る 場 合 の 代 表 者 の 氏 名	代表取締役○○○○	報告人員の合計	14 人	
		所 轄 税 務 署 名	本郷 税務署	
連絡者の氏名、 所 属 課 、 係 名 及 び 電 話 番 号	人事課 係 氏名 神田はな子 （電話 03-XXXX-XXXX ）	給 与 の 支 払 方 法 及 び そ の 期 日	月給 毎月25日	
関与税理士等の氏名 及 び 電 話 番 号	氏名 （電話 ）	納入書の送付	必要・ 不要	

報告人員

※令和7年分の様式が未確定のため（令和6年4月1日時点）、令和6年分の様式を使用し ています。

　給与の支給を受ける人の住所地の市区町村に1月31日までに、 各人の給与支払報告書とあわせて送付して提出します。

退職金の税務と住民税の処理

● 退職金の支払い

　　役員や従業員に退職金を支払うときには、所得税を源泉徴収して、原則として、翌月の10日までに納めなければなりません。

　　ここでいう退職金とは、退職したことにより退職給与規程等に基づいて支払われる退職手当や退職金などを指します。

　　退職金には、長年勤めた功労に報いる意味から、税負担を軽くするしくみがとられています。具体的には、退職金から特別の控除（退職所得控除額）をした額の2分の1を退職所得金額として課税対象とするものです。ただし、この特別の控除を受けられるのは、「退職所得の受給に関する申告書」を提出した人に限られます。

● 退職金に対する源泉徴収

（1）「退職所得の受給に関する申告書」の提出を受けていない場合

　　退職金の額に一律20.42％の所得税が課税されます。

> **源泉徴収額＝退職金支給額　×　20.42％**

（注）この源泉所得税は、退職者本人が確定申告で精算することになります。

> 例　退職金の支給額が900万円の場合
> 　　**退職金の支給額×20.42％＝900万円×20.42％**
> 　　**＝1,837,800円**
> 源泉徴収税額は1,837,800円になります。

(2)「退職所得の受給に関する申告書」の提出を受けている場合

① 退職する人の勤続年数の計算

(注)勤続年数の期間に1年に満たない端数があるときは、その端数を1年に切り上げます。勤続年数の期間は、退職の日まで引き続き勤務した実際の期間です。長期の欠勤や病気での休職の期間も、勤続年数に含めます。

② 退職所得控除額を計算

計算した勤続年数に応じて、次の表により退職所得控除額を計算します。

勤続年数	退職所得控除額
20年以下	40万円×勤続年数（最低80万円）
20年超	800万円＋70万円×（勤続年数－20年）

(注)障害者になったことが直接の原因で退職した場合の退職所得控除額は、上記の方法により計算した額に、100万円を加えた金額になります。

③ （退職金の支給額－退職所得控除額）×1/2

退職金の支給額から②で計算した退職所得控除額を差し引いた上で2分の1にします。

(注)勤続年数5年以下の法人役員以外の退職金については、退職所得控除額を控除した残額のうち300万円を超える部分について、2分の1課税の適用から除外されることになりました（令和4年1月より）。

④ {（退職金の支給額－退職所得控除額）×1/2}×税率

③の金額に所得税の税率（次ページ速算表）を乗じて得た額が税額になります。

死亡による退職により支払う退職金で、相続税の課税の対象となるものは、所得税の源泉徴収は必要ありません。

●ケーススタディ……………………………………

退職金の支給額が800万円、勤続年数が10年5か月の人の場合

勤続年数の計算　11年（5か月は1年に切り上げ）

> 退職所得控除額を計算
> 11年×40万円＝440万円

退職金の支給額から退職所得控除額を差し引き、2分の1にします

> （800万円－440万円）×1/2＝180万円

上記金額に所得税の税率を乗じて税額を計算します

> 180万円×5%×102.1%＝91,890円

■退職所得の源泉徴収税額の速算表

課税退職所得金額（A）		税額
195万円以下		{（A）× 5%} × 102.1%
195万円超　　330万円以下		{（A）× 10%－　　97,500円} × 102.1%
330　〃　　695　〃		{（A）× 20%－　427,500円} × 102.1%
695　〃　　900　〃		{（A）× 23%－　636,000円} × 102.1%
900　〃　　1,800　〃		{（A）× 33%－1,536,000円} × 102.1%
1,800　〃　　4,000　〃		{（A）× 40%－2,796,000円} × 102.1%
4,000　〃		{（A）× 45%－4,796,000円} × 102.1%

（注1）退職金の支給額から退職所得控除額を控除した後の金額の2分の1に相当する金額（1000円未満の端数切り捨て）を課税退職所得金額の欄に当てはめて、税額計算を行ないます。

（注2）求めた税額に1円未満の端数があるときは、これを切り捨てます。

●所得税の納付時期……………………………………

　退職金を支払った月の翌月10日までに税務署に「給与所得・退職所得等の所得税徴収高計算書（納付書）」の退職手当等の欄に記入の上、納付します。納期の特例を受けている場合は、その時期に納付することになります。

●退職金に係る住民税の控除……………………………

　退職者に退職金を支払う場合には、特別徴収義務者である会社は、住民税の計算をして控除しなければなりません。税額は「退職所得に対する市町村民税・道府県民税の特別徴収税額早見表」により求めます。

　詳しくは、各市区町村で配布されている「退職所得に対する住民税の特別徴収の手引き」により手続きを進めてください。

●退職所得の源泉徴収票……………………………

　退職金を支払った場合は、「退職所得の源泉徴収票」と「特別徴収票」を作成しなければなりません。税務署や市区町村に提出する必要のない場合は受給者交付用のみ作成します。

　「退職所得の源泉徴収票」は、その年に支払いの確定した退職金等について、すべての退職者の分を作成することになっています。しかし、このうち税務署と市区町村へ提出しなければならないのは、退職者が法人の役員（相談役、顧問、その他これらに類する者が含まれます）である場合だけですから、役員以外の従業員の分は提出する必要はありません。

　なお、「退職所得の源泉徴収票」と「特別徴収票」は、退職後1か月以内にすべての退職者に交付しなければなりませんが、退職者に交付する「退職所得の源泉徴収票」と「特別徴収票」とは1枚で両方を兼ねるしくみになっているため、源泉徴収票を交付すれば特別徴収票も交付したことになります。

　また、市区町村へ提出する「特別徴収票」の提出先は、退職者のその年の1月1日現在の住所地の市区町村となります。

■退職所得の源泉徴収票・特別徴収票

| 令和 6 年分 | 退職所得の源泉徴収票・特別徴収票 | | | | | | |

<table>
<tr><td rowspan="4">支払を
受ける者</td><td>個人番号</td><td colspan="6">1 2 3 4 5 6 7 8 9 0 1 2</td></tr>
<tr><td>住所又は
居　所</td><td colspan="6">東京都千代田区飯田橋 8-28</td></tr>
<tr><td>令和　6　年
1月1日の住所</td><td colspan="6">同上</td></tr>
<tr><td>氏　　名 (役職名)</td><td colspan="6">日実　和也</td></tr>
</table>

区　　　　　分	支 払 金 額	源泉徴収税額	特 別 徴 収 税 額	
			市町村民税	道府県民税
	千　　　円	千　　　円	千　　　円	千　　　円
所得税法第201条第1項第1号並びに地方税法第50条の6第1項第1号及び第328条の6第1項第1号適用分	2 800 000	10 210	12 000	8 000
所得税法第201条第1項第2号並びに地方税法第50条の6第1項第2号及び第328条の6第1項第2号適用分	0	0	0	0
所得税法第201条第3項並びに地方税法第50条の6第2項及び第328条の6第2項適用分	0	0	0	0

退職所得控除額	勤 続 年 数	就 職 年 月 日	退 職 年 月 日
240　万円	6　年	平成30年 10 月 01 日	令和6 年 01 月 31 日

(摘要)

<table>
<tr><td rowspan="3">(税務署提出用)　支払者</td><td>個人番号
又は法人番号</td><td>9 8 7 6 5 4 3 2 1 0 9 8 7 (右詰で記載してください。)</td></tr>
<tr><td>住所(居所)
又は所在地</td><td>東京都文京区本郷 8-23-5</td></tr>
<tr><td>氏名又は
名　称</td><td>オーエスシー株式会社　　　　　　(電話) 03(XXXX)XXXX</td></tr>
</table>

整 理 欄	①	②

316

※受給者本人用にはマイナンバーの記載は不要。税務署・市区町村提出用にはマイナンバーの記載が必要。

> 死亡による退職により退職手当等を支払った場合は、相続税法の規定による「退職手当金等受給者別支払調書」を提出することになりますので、この場合には「退職所得の源泉徴収票・特別徴収票」は提出する必要がありません。

退職後の税金関係の事務処理

● 住民税の処理

　住民税は、6月から翌年の5月まで特別徴収（給与から天引き）していくことになっています（94ページ参照）。社員が退職した場合は未納税額が生じますが、これらについては、次のいずれかで処理します。

①普通徴収へ切り替え

②最後の給与で一括徴収

③特別徴収を継続…転職先で住民税の特別徴収を継続する

退職時期	徴収方法
6月 ～ 12月	退職者から一括徴収してほしいという申出があれば、給与または退職金から残税額を一括徴収します。それ以外の場合は、退職者が自分で納める普通徴収となります。再就職先が決まっている場合で、特別徴収を継続したいという申出があれば再就職先で特別徴収することもできます。
1月 ～ 4月	住民税の残税額を給与または退職金から一括徴収します。
5月	5月に支払う給与から徴収します。

● 給与所得の源泉徴収票

　年の途中で退職した人について、その年の1月から退職時までの給与の支払状況を記載した「給与所得の源泉徴収票」を作成して1か月以内に退職者に交付する必要があります。また、給与等の金額が250万円を超える場合は1枚を税務署に提出することになりますが（222ページ参照）、税務署への提出に関しては、翌年1月末までに提出してもよいことになっています。

退職後の社会保険関係の事務処理

●社会保険料の控除‥‥‥‥‥‥‥‥‥‥‥‥‥‥‥‥

　退職する場合にも今まで通り１か月分の保険料を控除するのですが、注意しなければならないのは末日退職の場合です。この場合は退職月まで保険料を徴収されますから、例外的に前月分と退職月分の２か月分を給与から控除できることになっています。たとえば３月31日退職の場合（４月に支払われる給与がない場合）、３月分の保険料も２月分の保険料といっしょに３月に支払われる最後の給料から控除することになります。

　なぜなら、３月末に退職の場合は、法律上の資格喪失日はその翌日である４月１日になります。資格喪失日が属する月（４月）の前月（３月）までが保険料の対象となる月になるので２か月分の保険料を控除して納めなければならないのです。

●資格喪失届の手続き‥‥‥‥‥‥‥‥‥‥‥‥‥‥‥

　社員が退職した場合には、年金事務所（健康保険・厚生年金保険）と公共職業安定所（雇用保険）に、それぞれ資格喪失の届出をしなければなりません。手続きの内容は以下の通りです。

届出 11 健康保険・厚生年金保険　被保険者資格喪失届

●手続きが必要な場合	●どこへ
社員が退職した場合	事務センターまたは年金事務所（健康保険組合）
●用意する書類	●いつまで
□健康保険・厚生年金保険　被保険者資格喪失届 　○健康保険証	退職した日の翌日から５日以内

届出 12 雇用保険　被保険者資格喪失届

●手続きが必要な場合

社員が退職した場合

●用意する書類

☐雇用保険被保険者　資格喪失届（※）
☐雇用保険被保険者　離職証明書
　○賃金台帳、出勤簿、労働者名簿の提示（都道府県によっては不要）

●どこへ

公共職業安定所

●いつまで

退職日の翌日から 10 日以内

（※）外国人労働者については一定の記載事項があります。

①離職証明書と資格喪失届を提出して、公共職業安定所で確認処理をしてもらい、次の書類を受け取ります。

退職者に交付

雇用保険被保険者離職票−1
雇用保険被保険者離職票−2

会社で保管

離職証明書（事業主控）
資格喪失確認通知書

②再就職が決まっているなどの理由で離職票の交付を希望しない人もいますが、それらの退職者についても交付を受けて本人に渡しておけば、本人の事情が変わっても後で事務処理をする必要がありません。

退職者に関する
チェックリスト

●退職に関する社内の処理……………………………

　退職のときに社員から返却を受けるものや、逆に渡すものをリストアップしておき、漏れのないように手続きを済ませましょう。

退職に関するチェックリスト

退職日　　　　　年　　月　　日
部署名　　　　　　　　　　　氏名

チェック	退職者から受け取るもの・確認事項
	退職願
	退職所得の受給に関する申告書
	健康保険証
	住民税を一括徴収か普通徴収かの確認
	貸付金・社内預金・生命保険等の切替え
	身分証明書
	社章、名刺の残り
	制服など

チェック	退職者に返却・交付するもの
	雇用保険被保険者証（会社が預かっている場合）
	離職票
	社会保険喪失連絡票
	給与所得の源泉徴収票
	退職所得の源泉徴収票
	退職証明書
	年金手帳（会社が預かっている場合）
	その他（　　　　　　　　　　）

●その他、退職者に知らせることは………………

退職者には、さまざまな手続きが必要になるため、それについて知らせてあげることも大切です。

①健康保険の手続き

健康保険は、次のいずれかを選択します。

	加入条件	書類提出先	いつまでに
家族の健康保険の被扶養者	年収130万円（60歳以上は180万円）未満で、主として被保険者である家族により生計を維持されていること	家族である被保険者の勤務先の人事担当部署	原則、退職日の翌日から5日以内
任意継続被保険者	退職の前日まで継続して2か月以上健康保険に加入していること	加入していた健康保険組合（協会けんぽは各都道府県支部）	退職日の翌日から20日以内（締め切りはとても厳密！　要注意）
国民健康保険	国内に住所があること	住所地の市区町村役場	退職日の翌日から14日以内

②国民年金の手続き

配偶者の扶養に入らない場合は、退職者自身で国民年金の手続きをしなければなりません（退職者が20歳〜 59歳の場合）。

手続き	書類提出先	いつまでに
国民年金被保険者関係届書	住所地の市区町村役場の国民年金窓口	退職後14日以内

③雇用保険の手続き

失業保険を受け取る場合は、ハローワークで求職の申し込みを

します。

手続き	書類提出先	いつまでに
失業保険の受給	ハローワーク	すみやかに

④住民税の手続き

住民税を普通徴収に切り替えた場合は、後日自宅に届く納付書で納付します。

手続き	書類提出先	いつまでに
住民税の納付	金融機関等	6月末、8月末、10月末、翌年1月末

⑤年金の受給手続き

年金の受給権がある人は裁定請求手続きを行ないます。

手続き	書類提出先	いつまでに
厚生年金裁定請求	年金事務所	受給権発生後、任意の月より

⑥年金受給権がある人

年金の受給	年金の受給権のある人が退職するときは、厚生年金の受給手続きを年金事務所で行ないます。

令和6年6月から実施！　所得税の定額減税

　所得税の定額減税は、令和6年分所得税の納税者である居住者（日本国内に住所がある人など）で、令和6年分の合計所得金額が1805万円以下（給与収入だけであれば2000万円以下）の人が対象で、会社などに「給与所得者の扶養控除等（異動）申告書」を提出している社員等の給与・賞与の源泉所得税額から定額減税額を減額する方法で行なわれます。

　会社は、次の2つの事務を行ないます。

● 令和6年6月1日以後に支払う給与・賞与の源泉所得税額から、その時点の定額減税額を減額する **月次減税事務**
● 年末調整の際、年末調整時点の定額減税額で精算を行なう **年調減税事務**

【月次減税事務の手順】

　月次減税事務では、令和6年6月1日以後最初に支払う給与・賞与の源泉所得税額から月次減税額を減額します。減額しきれない部分の金額は、以後に支払う給与または賞与の源泉所得税額から順次減額します。

1　控除対象者の確認

　令和6年6月1日現在、在籍している社員等のうち、源泉所得税で源泉徴収税額表の甲欄が適用される人（会社に給与所得者の扶養控除等（移動）申告書を提出している人）を選び出します。6月2日以降に入社した人や、5月31日以前に退職した人は、月次減税の対象ではありません。

　令和6年分の合計所得金額が1805万円を超えることが見込まれる人についても、月次減税事務を行ないますので注意してください。

2　各人別控除事績簿の作成

　各社員別の各月の減額前の源泉所得税額や減税額などを管理するための帳票を作成します（様式は任意）。

■各人別控除事績簿

各人別控除事績簿

基準日在職者 (受給者の氏名)	月次減税額の計算		月 次 減 税 額 の 控 除												備考
			令和6年　月　日			令和6年　月　日			令和6年　月　日			令和6年　月　日			
	同一生計配 偶者と扶養 親族の数 ①	月次減税額 (受給者本人 +①の人数) ×30,000円) ②	控除前 税額 ③	②のうち ③から 控除した 金額 ④	控除しきれ な　い 金　額 (②-④) ⑤	控除前 税額 ⑥	⑤のうち ⑥から 控除した 金額 ⑦	控除しきれ な　い 金　額 (⑤-⑦) ⑧	控除前 税額 ⑨	⑧のうち ⑨から 控除した 金額 ⑩	控除しきれ な　い 金　額 (⑧-⑩) ⑪	控除前 税額 ⑫	⑪のうち ⑫から 控除した 金額 ⑬	控除しきれ な　い 金　額 (⑪-⑬) ⑭	

3　月次減税額の計算

　月次減税額は「本人30,000円」と「同一生計配偶者と扶養親族1人につき30,000円」との合計額です。

- 同一生計配偶者とは、定額減税の対象社員と生計を一にする配偶者(青色事業専従者等を除く)のうち、合計所得金額が48万円以下(給与収入だけであれば103万円以下)の人です。
- 扶養親族とは、所得税法上の控除対象扶養親族だけでなく、16歳未満の扶養親族も含まれます。

　本人・同一生計配偶者と扶養親族ともに、日本国内に住所がある人が対象ですので、海外に住んでいる扶養親族などがいる場合には減税額計算の対象にはなりません。

〈事例〉

> 「同一生計配偶者」……有、「扶養親族」……1名の場合
> →「同一生計配偶者と扶養親族の数」は**2名**となるので、
> **30,000円**(本人分)+**30,000円×2名**(同一生計配偶者と扶養親族の分)
> 　　　　　　　　　　　　　　**＝90,000円**(月次減税額)

（注意！）

　上記の「**同一生計配偶者と扶養親族の数**」は、毎月の給与や賞与での源泉所得税額の計算のための「**扶養親族等の数**」とは異なる場合があります。

　給与所得者の扶養控除等(異動)申告書に記載していない同一生計配偶者や16歳未満の扶養親族については、最初の月次減税事務を行なうときまでに、定額減税の

■源泉徴収に係る定額減税のための申告書（兼用様式）

令和6年分　源泉徴収に係る定額減税のための申告書　兼　年末調整に係る定額減税のための申告書

二次元コード

記載のしかたはこちら

所轄税務署長	給与の支払者の名称（氏名）	
	給与の支払者の法人番号	※この申告書の提出を受けた給与の支払者が記載してください。
税務署長	給与の支払者の所在地（住所）	

（フリガナ）
あなたの氏名

あなたの住所又は居所

～記載に当たってのご注意～

◎ この申告書は、同一生計配偶者や扶養親族につき定額減税額を加算して控除を受けようとする給与（賞与を含みます。）の支払を最初に受ける日の前日までに、「給与の支払者」に提出してください。

◎ この申告書は、「給与所得者の扶養控除等（異動）申告書」（住民税に関する事項（住民税に関する事項）を含みます。以下同じです。）に記載した源泉控除対象配偶者及び控除対象扶養親族、障害者に関する事項に関する事項に記載することはできません。

◎ この申告書は、あなたが「給与所得者の扶養控除等（異動）申告書」を提出した給与の支払者にしか提出することはできません。

【源泉徴収に係る申告書として使用】…令和6年6月1日以後最初に支払を受ける給与（賞与を含みます。）の源泉徴収について記載

□　「給与所得者の扶養控除等（異動）申告書」に記載した源泉控除対象配偶者、控除対象扶養親族について記載

【年末調整に係る申告書として使用】…年末調整において以下に記載

□　「給与所得者の扶養控除等（異動）申告書」に記載した源泉控除対象配偶者、控除対象扶養親族について記載

（注）使用する区分に応じて、いずれかの□にチェックを付けてください。

○ 同一生計配偶者の氏名等
※ 記載しようとする配偶者の本年中の合計所得金額の見積額が48万円を超える場合には、控除を受けることはできません。

（フリガナ） 氏名	個　人　番　号	生　年　月　日	配偶者の住所又は居所	居住者に該当	本年中の合計所得金額の見積額
		明・大・昭 平・令　・　・		□	円

○ 扶養親族の氏名等
※ 記載しようとする親族の本年中の合計所得金額の見積額が48万円を超える場合には、控除を受けることはできません。

（フリガナ） 氏名	個　人　番　号	続柄	生　年　月　日	扶養親族の住所又は居所	居住者に該当	本年中の合計所得金額の見積額
1			明・大・昭 平・令　・　・		□	円
2			明・大・昭 平・令　・　・		□	円
3			明・大・昭 平・令　・　・		□	円

対象者から「源泉徴収に係る定額減税のための申告書」の提出を受けることで、月次減税額の計算のための人数に含めることができます。

4　給与・賞与支払い時の月次減税額の減額

令和6年6月1日以後、最初に支払う給与または賞与から、順次月次減税額を減額します。

⑴　減額前の源泉所得税額の計算

通常の計算で源泉所得税額を求めます。

⑵　実際に源泉徴収する所得税額の計算

⑴で求めた減額前の源泉所得税額と月次減税額とを比較します。

●月次減税額の金額が減額前の所得税額の金額以下となる人の場合
（月次減税額の金額≦減額前の所得税額）

この場合には、月次減税額の全額が減額できますので、減額前の源泉所得税額から月次減税額を減額した差額が実際に源泉徴収する所得税額となります。

そして、その差額となる所得税額を源泉徴収して、この人に対する月次減税事務が終了します。差額が0円の場合は実際に源泉徴収する所得税額はありません。

〈6月最初の給与または賞与で引ききれる場合の例〉

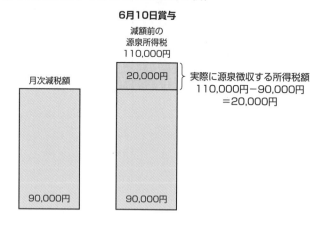

6月10日賞与

●月次減税額の金額が減額前の所得税額を超える人の場合
（月次減税額の金額＞減額前の所得税額）

　この場合には、初回の給与等の支払いでは月次減税額の一部については減額しきれませんので、実際に源泉徴収する所得税額は０円になります。

　２回目以降の給与等の支払いでは、減額しきれない金額がなくなるまで、以後支払う令和６年分の給与や賞与の源泉所得税額から、順次減額します。減額しきれない間は、実際に源泉徴収する所得税額は０円になります。

　順次減額して、減額しきれなかった部分の金額がなくなった際には、給与等の減額前の所得税額と最後の減額しきれなかった部分の金額との差額が実際に源泉徴収する所得税額となります。

〈６月最初の給与または賞与で引ききれなかった場合の例〉

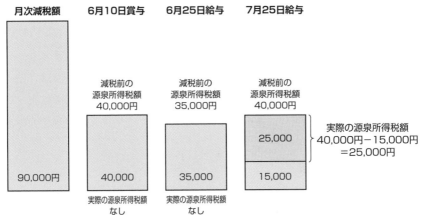

5　給与支払明細書への減額した金額の表示

　会社が月次減税額の減額を行なった場合には、社員に交付する給与支払明細書に、月次減税額のうち実際に減税した金額を「定額減税額（所得税）×××円」または「定額減税×××円」などと表示します。

〈給与明細記載例〉

【年調減税事務の手順】

年調減税事務では、年末調整の際、年末調整時点の定額減税額にもとづいて、年間の所得税額との精算を行ないます（年末調整については214ページ参照）。

1　対象者の確認

年末調整の対象となる社員等のうち、年調所得税額から年調減税額を減額できる対象者を確認します。

2　年調減税額の計算

年調減税額の計算は、年末調整を行なう時点の同一生計配偶者の有無および扶養親族から、「本人30,000円」と「同一生計配偶者と扶養親族1人につき30,000円」との合計額を求めます。

給与所得者の扶養控除等（異動）申告書、源泉徴収に係る定額減税のための申告書に記載していない同一生計配偶者や16歳未満の扶養親族については、定額減税の対象者から「年末調整に係る定額減税のための申告書」（兼用様式）の提出を受けることで減税額の計算のための人数に含めることができます。

同一生計配偶者で配偶者控除または配偶者特別控除を申告する場合は「給与所得者の配偶者控除等申告書 兼 年末調整に係る定額減税のための申告書（同一生計配偶者に係る申告）」（兼用様式）に記載することで減税額計算の対象とすることができます。

3　年調減税額の減額

年末調整における年調減税額の減額は、住宅借入金等特別控除後の所得税額（年調所得税額）から、その住宅借入金等特別控除後の所得税額を限度に行ないます。

年調所得税額から年調減税額を減額した後の金額に102.1％をかけた年調年税額を求めた上で、過不足額の精算を行ないます。

国税庁のホームページでは、年末調整計算シート（エクセル）がダウンロードできます。
https://www.nta.go.jp/taxes/tetsuzuki/shinsei/annai/gensen/annai/nencho_keisan/index.htm

源泉徴収簿を使って計算する場合は、246ページのように記載します。

■給与所得者の配偶者控除等申告書 兼 年末調整に係る定額減税のための申告書（同一生計配偶者に係る申告）（兼用様式）

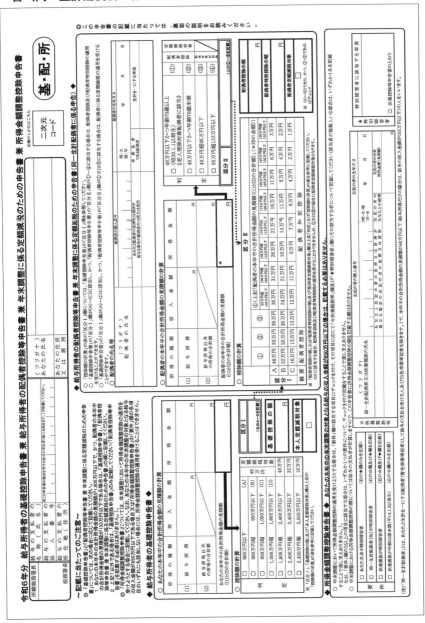

「年調減税額の計算」で求めた年調減税額を、源泉徴収簿の余白に「㉔-2 90,000円」と記入します。次に、「年調所得税額㉔」欄の金額100,100円から年調減税額を減額し、その残額を源泉徴収簿の余白に「㉔-3　10,100円」と記入します。㉔の金額から年調減税額を引ききれないような場合は、「㉔-3 0円」と記入し、引ききれなかった金額を余白に「㉔-4　×××円」と記入します。

　そして、「㉔-3　10,100円」に102.1％をかけて100円未満の端数を切り捨てた金額10,300円を「年調年税額㉕」欄に記入します。最後に、その「年

■定額減税額90,000円を減額する場合の記載例

区　　　　　　　分		金　　　　額	税　　　　額	
給　料　・　手　当　等	①	4,546,800 円	③	64,460 円
賞　　　　与　　　　等	④	1,705,050	⑥	88,228
計	⑦	6,251,850	⑧	152,688
給与所得控除後の給与等の金額	⑨	4,558,400	所得金額調整控除の適用	
所　得　金　額　調　整　控　除　額（（⑦−8,500,000円）×10％、マイナスの場合は0）	⑩	（1円未満切上げ、最高150,000円）0	有・無	
給与所得控除後の給与等の金額（調整控除後）（⑨−⑩）	⑪	4,558,400	（※ 適用有の場合は⑩に記載）	
社会保険料等控除額	給与等からの控除分（②＋⑤）	⑫	974,716	配偶者の合計所得金額
	申告による社会保険料の控除分	⑬	0	（　　400,000円）
	申告による小規模企業共済等掛金の控除分	⑭	0	旧長期損害保険料支払額
生命保険料の控除額	⑮	79,500	（　　18,000円）
地震保険料の控除額	⑯	37,320	⑫のうち小規模企業共済等掛金の金額
配偶者（特別）控除額	⑰	380,000	（　　　　　円）
扶養控除額及び障害者等の控除額の合計額	⑱	630,000	⑬のうち国民年金保険料等の金額
基礎控除額	⑲	480,000	（　　　　　円）
所得控除額の合計額（⑫＋⑬＋⑭＋⑮＋⑯＋⑰＋⑱＋⑲）	⑳	2,581,536	
差引課税給与所得金額（⑪−⑳）及び算出所得税額	㉑	（1,000円未満切捨て）1,976,000	㉒	100,100
（特定増改築等）住宅借入金等特別控除額	㉓			
年調所得税額（㉒−㉓、マイナスの場合は0）	㉔	100,100		
年調年税額（㉔×102.1％）	㉕	（100円未満切捨て）10,300		
差引超過額又は不足額（㉕−⑧）	㉖	142,388		
超過額の精算	本年最後の給与から徴収する税額に充当する金額	㉗		
	未払給与に係る未徴収の税額に充当する金額	㉘		
	差引還付する金額（㉖−㉗−㉘）	㉙	142,388	
	同上のうち 本年中に還付する金額	㉚	142,388	
	翌年において還付する金額	㉛		
不足額の精算	本年最後の給与から徴収する金額	㉜		
	翌年に繰り越して徴収する金額	㉝		

㉔-2　90,000円　　　㉔-3　10,100円　　　㉔-4　0円

調年税額㉕」欄の金額10,300円と、「税額⑧」欄の金額152,688円とを比べて過不足額142,388円を「差引超過額又は不足額㉖」欄に記入し、通常の年末調整と同じように過不足額の精算を行ないます。

4　源泉徴収票への表示

●年末調整済みの源泉徴収票

　年末調整終了後に作成する「給与所得の源泉徴収票」には、「摘要」欄に、実際に減額した年調減税額を「源泉徴収時所得税減税控除済額　×××円」と記載します。

　なお、「源泉徴収税額」欄には、年調所得税額から年調減税額を減額した残額に102.1%をかけて求めた年調年税額を記載することになります。

■定額減税額90,000円を減額する場合の源泉徴収票の例

| 令和6年分 | 給与所得の源泉徴収票 |

（受給者番号）

（役職名）

氏名（フリガナ）

種　別	支払金額	給与所得控除後の金額（調整控除後）	所得控除の額の合計額	源泉徴収税額
給与・賞与	6 251 850	4 558 400	2 581 536	10 300

（源泉）控除対象配偶者の有無等	配偶者（特別）控除の額	控除対象扶養親族の数（配偶者を除く。）					16歳未満扶養親族の数	障害者の数（本人を除く。）		非居住者である親族の数
有・従有・老人		特定	老人		その他			特別	その他	
1		1								

社会保険料等の金額	生命保険料の控除額	地震保険料の控除額	住宅借入金等特別控除の額
974 716	79 500	37 320	0

（摘要）
源泉徴収時所得税減税控除済額　90,000円　控除外額　0円

●年末調整を行なっていない源泉徴収票

　年末調整を行なわずに退職した場合や、令和6年分の給与の収入金額が2000万円を超えるなどの理由により年末調整の対象とならなかった社員等の源泉徴収票には、定額減税等を記載する必要はありません。

　なお、「源泉徴収税額」欄には、減額前の源泉所得税額から月次減税額を減額した後の、実際に源泉徴収した所得税額の合計額を記入することになります。

第 III 編

担当者なら知っておこう！
主な給付に関する届出

社員が病気やけがをした場合の保険給付

①業務上や通勤途中で病気やけがをした場合—労災保険

　業務上や通勤途中で病気やけがをした場合は、労災保険から病院の診察代等が支給される「療養（補償）給付」と、それが原因で働けなくなった場合は「休業（補償）給付」という所得補償的な給付が受けられます。

　業務災害、通勤災害による病気やけがのために労働できなくなり、給与を受けられない日が4日以上になったときは休業4日目以降、1日につき給付基礎日額（労働基準法の平均賃金相当額）の6割が休業（補償）給付として支給されます。また、さらに特別支給金として給付基礎日額の2割の支給もあります。

▼事故・発病

休み	休み	出勤	休み	休み	休み	休み

会社から
休業補償の支払い　　　　　　　　　　　休業（補償）給付

届出 13　休業（補償）給付の支給要件と申請手続き

●支給要件
　△業務上の理由で病気やけがをして、療養のために働けないとき
　△働けない日が通算4日以上になり、働けない期間、給与の支払いがないか、
　　少なくなったとき

●給付額
　1日につき給付基礎日額（労働基準法の平均賃金相当額）の6割

●用意する書類
　□休業補償給付支給請求書　□出勤簿　□賃金台帳
　　○第三者行為の場合はその届（242ページ、コラム参照）

●どこへ
　労働基準監督署

●いつまで
　2年以内。ただし、毎月1回程度申請するのが望ましいでしょう。

※通勤途中の災害には、「休業給付」が適用されます。

なお、業務上の病気やけがをした場合、休業した最初の3日間は、会社が労働基準法の休業補償を支給しなければなりません。

②業務外の理由で病気やけがをした場合―健康保険

　業務災害以外の理由で病気やけがをした場合は「健康保険」の適用になります。健康保険では、診察代等を一部負担してもらえる「療養の給付」があります。病院で健康保険被保険者証を見せて支払う行為が、保険の適用を受けている行為になります。このとき支払うお金を一部負担金といい、原則として、本人、家族（被扶養者）ともに3割の負担になっています。

　また、病気やけがで会社に行けなくなった場合で、休みが長期にわたり、その間給与の支払いがないか一部しか支給されないような場合は、傷病手当金が支給される場合があります。

▼事故・発病

| 休み | 休み | 休み | 休み | 休み | 休み | 休み |

　　連続3日　　　　　　　　　傷病手当金

届出 14　傷病手当金の支給要件と申請手続き

●支給要件
　△業務外の理由で病気やけがをして、療養のために働けないとき
　△働けない日が連続4日以上になり、働けない期間、給与の支払いがないか、少なくなったとき

●給付額
　1日につき支給開始以前12か月間の標準報酬月額を平均した額を30で除した額の3分の2相当額。通算して1年6か月支給

●用意する書類
　□ 傷病手当金支給申請書
　　○事業主と医師の証明

●どこへ
　協会けんぽ都道府県支部または健康保険組合

●いつまで
　2年以内。ただし、毎月1回程度申請するのが望ましいでしょう。

コラム

社員が自動車事故などにあった場合

　業務上や通勤途上で、社員が自動車事故等の第三者（会社・保険者＝国・被保険者以外の人）の行為によって傷病を負った場合には、「第三者行為災害届」を提出しなければなりません。

　この届出は、自賠責保険や国の保険給付との調整をするためのものです。

　たとえば、事故にあった社員が病院で手当てを受けた場合に、事故がなければ国は保険給付をしなくてすんだはずなので、加害者に対して、保険給付を行なった範囲で損害賠償の請求権を取得します。とくに、業務上の自動車事故の場合、この手続きは重要です。

　労災事故が起きたときは、本来は社員自らこの手続きを行なう必要がありますが、社員が入院したときなどは代わりに手続きをします。手続きの内容は次の通りです。

①警察に届け出て交通事故証明をもらう。

②加害者の氏名、住所、電話番号、勤務先とその電話番号、運転免許証番号を確認する。

③加害者の自賠責保険証明書の番号と保険会社名、任意保険に加入しているときは保険会社名と保険証書の番号を確認する。

④必ず医師の診断書を取り、領収書を受け取る。

⑤労働基準監督署に「第三者行為災害届」を提出する。

2 出産・育児休業等に関する諸手続き

● 全体の流れ ·····················

　健康保険の被保険者である社員が、出産・育児をする場合は、その期間について法律で定められている休業に対する給付があります。産前産後休業とは、出産（予定）日以前42日（多胎の場合は98日）と出産日後56日の間で、妊娠または出産を理由として会社を休んだ期間のことをいいます。育児休業とは、1歳未満の子（保育所等に入所できないなど一定の要件を満たす場合には、最長で2歳までの延長が可能）を養育するため休業する期間のことをいいます。

　また、子の出生後8週間以内に4週間まで取得することができる「出生時育児休業」（産後パパ育休）は子の出生に合わせ柔軟に育児休業ができる制度で、具体的には、出産予定日か出生日のいずれか早い日から、出生日または出産予定日のうち遅い日から起算して8週間を経過する日の翌日までの期間内に4週間（28日）の範囲で2回まで分割して取得することができます。産後8週間の女性は産後休業を取得するため、対象者は主に男性です。

　その他にも、一定の要件を満たすと保育所等に入所できないなどの事情がなくても子が1歳2か月までの間休業できる「パパママ育休プラス」の制度もあります。

　産前産後休業、育児休業（出生時育児休業を含む）で受けられる給付金や必要となる手続きは、以下のとおりです。

●社員または社員の家族が出産した場合の保険給付 ……

①出産育児一時金

健康保険の被保険者である社員が出産した場合には、出産育児一時金として50万円が支給されます。また、社員の被扶養者である配偶者が出産した場合は、家族出産育児一時金が支給されます。

原則として医療機関等に直接、出産育児一時金が支払われるため、支給額より出産費用のほうが少なかった場合のみ手続きが必要です。

届出 15 出産育児一時金の支給要件と申請手続き

●支給要件

△妊娠4か月以上で出産したとき（注：早産、死産、流産、人工妊娠中絶（経済的理由によるものを含む）を問わず）
（退職後も次の場合は支給されます）

資格喪失の前日まで被保険者期間が継続して1年以上あり、資格喪失日から6か月以内に出産したとき

●給付額

1児につき50万円（妊娠週数22週未満で出産した場合、または産科医療補償制度に加入していない医療機関等で分娩した場合は48.8万円）

●用意する書類

□ 出産育児一時金内払金支払依頼書　□ 出産育児一時金支給申請書
○出産に関する医師などの証明
○産科医療補償制度の対象分娩であることを証明する書類（領収明細書）

●どこへ

協会けんぽ都道府県支部または健康保険組合

●いつまで

2年以内

②出産手当金

　出産手当金は、健康保険の被保険者である社員が出産のために休み、その間給与が支払われない場合等に支給されます。

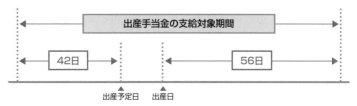

●出産手当金（単胎妊娠の場合）●

※出産日が予定日より遅れた場合はその期間についても支給されます。
※出産の当日は出産の日以前に含まれます。

届出 16　出産手当金の支給要件と申請手続き

●支給要件

△妊娠4か月以上で出産したとき（注：生産、死産、流産または早産を問わず）
△産前産後の一定期間働いていないとき
△働いていない期間、給与の支払いがないか、少なくなったとき

●給付額

出産の日（出産の日が出産の予定日後であるときは出産の予定日）以前42日（多胎妊娠の場合においては98日）より出産の翌日以後56日まで1日につき支給開始日以前12か月間の標準報酬月額を平均した額を30で除した額の3分の2相当額

●用意する書類

□出産手当金支給申請書
　○事業主と医師の証明

●どこへ

協会けんぽ都道府県支部または健康保険組合

●いつまで

2年以内

●産前産後休業期間中の保険料の免除・・・・・・・・・・・

　産前産後休業期間中（産前42日（多胎妊娠の場合は98日）・産後56日のうち、妊娠または出産を理由として労務に従事しなかった期間）は、休業開始日の属する月から休業終了日の翌日が属する月の前月まで健康保険・厚生年金保険の保険料が免除されます。

●産前産後休業中の保険料免除●

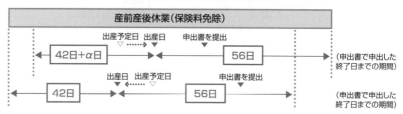

※「産前産後休業取得者申出書」は産前産後休業期間中に提出します。

※出産前に申出書を提出し、出産予定日以外で出産した場合は、別途、産前産後休業取得者変更（終了）届を提出する必要があります（出産後に提出する場合は変更届は不要）。

※産前産後休業が予定日前に終了した場合は「産前産後休業取得者変更（終了）届」を提出します。

届出 17　産前産後休業期間中の保険料免除の申請手続き

●手続きが必要な場合
社員が産前産後休業を取得するとき
●用意する書類
□産前産後休業取得者申出書　　□産前産後休業取得者変更（終了）届
●どこへ
事務センター（年金事務所）または健康保険組合
●いつまで
産前産後休業を取得したとき

●育児休業期間中の保険料の免除・・・・・・・・・・・・・・・・・

　育児休業（出生時育児休業を含む）期間中は、育児休業を開始した月から当該育児休業の終了する日の翌日の属する月の前月まで健康保険料と厚生年金保険料が免除されます（免除される期間は、最長でも子供が3歳に達するときまで）。また、その月の末日が育児休業期間中である場合、同一月内で育児休業を取得（開始・終了）しその日数が14日以上の場合、賞与については連続し

て1か月を超える育児休業を取得した場合も保険料が免除されます。免除を受けるには、次の申請をする必要があります。

届出 18 育児休業期間中の保険料免除の申請手続き

●手続きが必要な場合	
	社員が出生時育児休業・育児休業を取得するとき
●用意する書類	
	□育児休業等取得者申出書
●どこへ	
	事務センター（年金事務所）または健康保険組合
●いつまで	
	育児休業を取得したとき

※育児休業期間が予定日前に終了した場合は「育児休業等取得者終了届」を提出します。

●育児休業期間中の雇用保険からの給付…………

育児休業（出生時育児休業を含む）期間中には、雇用保険から「出生時育児休業給付金」「育児休業給付金」が支給されます。これは、育児休業を取得する人に「休業前の給与の約50％（育児休業（出生時育児休業を含む）開始後180日までは67％）」相当額を休業期間中支給してくれるという制度です。

●育児休業中の給付●

育児休業前に支払われた給与額によって育児休業給付金の額が決まるため、会社としてはまず、次ページの手続きをする必要があります。

届出 19 出生時育児休業給付金（産後パパ育休）の支給要件と申請手続き

●手続きが必要な場合

社員が出生時育児休業を取得したとき

●支給要件

①出生日または出産予定日のうち早い日から、出生日または出産予定日のうち遅い日から起算して8週間を経過する日の翌日までの期間内に4週（28日）以内、分割2回までを限度として産後パパ育休（出生時育児休業）を取得した被保険者であること。

②休業開始日前2年間に、賃金支払基礎日数が11日以上ある（ない場合は就業した時間数が80時間以上の）完全月が12か月以上あること。

③休業期間中の就業日数が、最大10日（10日を超える場合は就業した時間数が80時間）以下であること（休業期間が28日より短い場合は、その日数に比例して短くなります）。

④出生時育児休業期間を対象として事業主から賃金が支払われた場合、休業開始時賃金日額（※）×休業期間の日数の80％未満であること（賃金額による減額あり）

●用意する書類

□雇用保険被保険者休業開始時賃金月額証明書

□育児休業給付受給資格確認票・出生時育児休業給付金支給申請書

（受給資格確認票にマイナンバー、振込口座を記載する）

○賃金台帳、出勤簿、育児休業申出書、育児休業取扱通知書など

（出生時育児休業を開始・終了した日、賃金の額と支払い状況を証明できるもの）

○母子健康手帳等（出産予定日および出産日を確認することができる書類）

●給付額

休業開始時賃金日額（※）×休業期間の日数（28日が上限）×67％

●どこへ

事業所の所在地を管轄するハローワーク

●いつまで

子の出生日（出産予定日前に子が出生した場合は、当該出産予定日）から8週間を経過する日の翌日から2か月を経過する日の属する月の末日まで（2回に分割して取得した場合でも申請は1回で行う）

※原則、育児休業開始前（産前産後休業を取得後に育児休業を取得した場合は、原則として産前産後休業開始前）6か月間または当該休業を開始した日前の2年間に完全な賃金月が6か月に満たない場合は、賃金の支払いの基礎となった時間数が80時間以上である賃金月6か月の間に支払われた賃金（賞与等除く）の総額を180で除して得た額

届出 20 育児休業給付金の支給要件と申請手続き

●手続きが必要な場合

社員が育児休業を取得したとき

●支給要件

①1歳未満の子（一定の要件を満たす場合には2歳未満の子）を養育するために、育児休業を取得した被保険者であること。

②休業開始日前2年間に、賃金支払基礎日数が11日以上または就業した時間数が80時間以上ある完全月が12か月以上あること。

③各支給単位期間（休業開始から1か月ごとの期間）において、就業している日数が10日以下、または就業した時間数が80時間以下であること。

④育児休業期間を対象として事業主から賃金が支払われた場合、休業開始時賃金月額（※）の80%未満であること（賃金額による減額あり）

●用意する書類

□雇用保険被保険者休業開始時賃金月額証明書

□育児休業給付受給資格確認票・(初回)育児休業給付金支給申請書
（受給資格確認票にマイナンバー、振込口座を記載する）

○賃金台帳、出勤簿、育児休業申出書、育児休業取扱通知書など
（育児休業を開始・終了した日、賃金の額と支払い状況を証明できるもの）

○母子健康手帳等
（育児の事実、出産予定日および出産日を確認することができる書類）

●給付額

休業開始時賃金日額×支給日数×67%（育児休業開始から181日目以降は50%）

●どこへ

事業所の所在地を管轄するハローワーク

●いつまで

【初回の申請手続き】

・受給資格確認手続きのみ行う場合

　初回の支給申請を行う日まで

・初回の支給申請も同時に行う場合

　育児休業開始日から4か月を経過する日の属する月の末日まで

【2回目以降の申請手続き】

・原則、2か月に1度の指定された支給申請期間内（社員が希望する場合、1か月に1度、支給申請を行うことも可能）

※原則、休業開始時賃金日額×30

3 高年齢者に関する届出

● 定年後の再雇用 ………………………………………

　65歳までの雇用機会の確保の義務化により、再雇用制度を導入する会社が一般的です。定年退職した後、同じ会社や関連会社等で引き続き雇用するものですが、その場合、労働者の給与は下がるケースも多くあります。

　再雇用により給与が下がる場合、社会保険、雇用保険では下記のような手続きがあります。

①社会保険（再雇用後の標準報酬月額の決定）

　定年退職後に再雇用された場合、再雇用された月から再雇用後の給与に応じた標準報酬月額に改定できるしくみがあります。

届出21 資格取得届、資格喪失届

●手続きが必要な場合
60歳以上の人で、退職後、継続して雇用される場合 （事業主との関係が一旦、中断したものとみなして被保険者資格喪失届および取得届を同時に提出し、再雇用された月から、再雇用後の給与に応じて標準報酬月額を決定します）
●用意する書類
□健康保険・厚生年金保険被保険者資格喪失届 □健康保険・厚生年金保険被保険者資格取得届 　○新たな雇用契約を結んだことを明らかにできる書類等 　○就業規則等（定年が確認できる部分）
●どこへ
事務センター（年金事務所）または健康保険組合
●いつまでに
事実発生から5日以内

②雇用保険（高年齢雇用継続給付）…………

届出22　60歳到達時等賃金証明書

●手続きが必要な場合

高年齢雇用継続給付の初回の支給申請のとき

●用意する書類

□雇用保険被保険者六十歳到達時等賃金証明書
□高年齢雇用継続給付受給資格確認票・（初回）高年齢雇用継続給付支給申請書
　　※受給資格確認票にマイナンバーを記載する
　○賃金証明書の記載内容を確認できる書類（賃金台帳、出勤簿等）

●どこへ

事業所の所在地を管轄するハローワーク

届出23　高年齢雇用継続給付の支給要件と申請手続き

●支給要件

△60歳以上65歳未満の一般被保険者であること
△被保険者であった期間が通算して5年以上あること（注）
△60歳時点に比べて75％未満の賃金で雇用されていること
△各暦月の賃金額が一定額未満であること
△育児休業給付・介護休業給付の支給対象となっていないこと

●用意する書類

□高年齢雇用継続給付受給資格確認票・（初回）高年齢雇用継続給付支給申請書
　　※受給資格確認票にマイナンバーを記載する
　○支給申請書の記載内容が確認できる書類（賃金台帳、出勤簿等）
　○振込口座がわかる書類（印刷で作成または電子申請の場合は省略可）

●どこへ

事業所の所在地を管轄するハローワーク

●いつまで

最初に支給を受けようとする支給対象月の初日から起算して4か月以内、その後2か月に1度の指定された支給申請月

(注)基本手当等の受給歴がある場合、受給前の期間は通算できません。また、離職等による被保険者資格の喪失をした場合、新たな資格取得までの期間が1年以内であることが必要です。

ブレイン社会保険労務士法人がプロデュースする「週刊人事労務 CHANNEL」は、令和2年8月8日よりYouTubeにおいて人事労務専門チャンネルとして開設し、すでに5000人を超えるチャンネル登録をいただいています。

このチャンネルでは、毎週2～3本の番組をアップし、人事労務分野における法改正、実務対応のポイントのほか、一般の方にも役立つ医療保険、年金、失業保険の仕組みなど、専門家から一般の方まで、幅広い方々を対象にした映像による解説をお届けしています。

また、代表・北村のメディアでの活躍を活かし「北村式年金額計算法」など、一般の方にも関心が高い「年金や医療、失業保険等」に関する情報も提供していきます。もちろん、給与計算に関連する情報も多数お届けします。

【給与計算関連の収録の一例】
給与計算のカラクリを解説!
給与明細書からわかる給与計算のしくみ①

是非アクセスしてみてください!

▲「人事労務Professional seminar」

P 人事労務
Professional seminar

【人事労務 Professional seminar】
一流講師による映像を配信する動画ストリーミングサイトです。人事労務分野の専門的な学びの場として、幅広いコンテンツを提供し続けていきます。スペシャリストたちの渾身のレクチャーを、ぜひともお役立てください。

https://one-stream.io/catalog/ocpaQQLjMbfPNgfmORS4xg9uQsp2

本書の執筆にあたって、現場でご活躍の実務家の方に計算事例や届出の
ツボ等の実務的な面の執筆・校正に御協力いただきました。

山出　良子（やまで　りょうこ）
ブレイン社会保険労務士法人　特定社会保険労務士
大手鉄道グループ会社総務部にて9年間、給与計算、年末調整、各種手続きなどの実務経験を積み、現在、社会保険、給与計算などの実務を中心に実務家として活躍。豊富な経験を活かし就業規則や人事労務のアドバイスを行なっている。

羽田　操（はだ　みさほ）
ブレイン社会保険労務士法人　特定社会保険労務士
金融機関に10年間勤務し、年金手続き・相談業務等を担当。税理士法人勤務を経て、現在、社会保険、給与計算などの実務を中心に活躍。顧問先企業への給与計算の導入やオペレーション指導には定評がある。また、人事労務相談も多数行なっている。

●校正協力
筒井弘美　近江沙弥香　平木真智子　戸谷瑞穂

北村庄吾（きたむら しょうご）

1961年、熊本県生まれ。中央大学法学部卒業。社会保険労務士・ファイナンシャルプランナー。ブレイン社会保険労務士法人代表。
1991年に法律系国家資格者の総合事務所ブレインを設立。ワンストップサービスの総合事務所として注目を集める。1993年から起業家の育成に力を入れ、第3次起業家ブームをつくる。近年は『週刊ポスト』誌上での「年金博士」をはじめ、年金・医療保険等の社会保険制度や名ばかり管理職・サービス残業等の問題に対して鋭いメスを入れる「評論家」としても活躍中。フジテレビの年金特番や「TVタックル」などテレビ出演は100回を超える。
著書には『はじめての起業成功ガイド』『退職・転職・失業生活裏表実践マニュアル』『資格で年1800万稼ぐ法』（以上、日本実業出版社）、『人事・労務の超基本』（かんき出版）、『できる社員を潰す「タコ社長」』（日経プレミアシリーズ）、『給与明細で騙されるな』（朝日新書）などがあり、累計で100万部を突破している。

〈令和6年度版〉
やさしくわかる給与計算と社会保険事務のしごと

2001年7月20日　初 版 発 行
2024年5月1日　最新17版発行

著 者　北村庄吾　©S.Kitamura 2024
発行者　杉本淳一

発行所　株式会社日本実業出版社　東京都新宿区市谷本村町3-29 〒162-0845
　　　　編集部 ☎03-3268-5651
　　　　営業部 ☎03-3268-5161　振 替 00170-1-25349
　　　　　　　　　　　　　　　　https://www.njg.co.jp/

印 刷／厚 徳 社　　製 本／共 栄 社

ISBN 978-4-534-06101-0　Printed in JAPAN

被保険者証等・年金手帳に関する届出

1 健康保険被保険者証等

Ⅰ 子供が生まれた等で被扶養者に異動があったとき

5日以内	健康保険被扶養者(異動)届	年または組	健

Ⅱ 健康保険証をなくしたとき

遅滞なく	健康保険被保険者証再交付申請書	協または組	健

2 年金手帳・基礎年金番号通知書

Ⅰ 年金手帳や基礎年金番号通知書をなくしたとき

すみやかに	基礎年金番号通知書再交付申請書	年	厚

Ⅱ 年金番号が異なる年金手帳を2冊以上持っているとき

すみやかに	基礎年金番号重複取消届	年	厚

3 健康保険証や年金手帳の生年月日等を間違えて届け出たとき

すみやかに	健康保険・厚生年金被保険者生年月日訂正届	年または組	健・厚

4 雇用保険の被保険者証をなくしたとき

すみやかに	雇用保険被保険者証再交付申請書	公	雇